# EL PODER DEL
# FAVOR

La fuerza que lo llevará a
donde no puede ir por sí mismo

## JOEL OSTEEN

FaithWords

New York   Nashville

# OTROS LIBROS DE JOEL OSTEEN EN ESPAÑOL E INGLÉS

# EL PODER DEL

# FAVOR

FaithWords
Hachette Book Group
1290 Avenue of the Americas, New York, NY 10104
www.faithwords.com
twitter.com/faithwords

Primera edición: diciembre 2019

FaithWords es una división de Hachette Book Group, Inc. El nombre y logotipo de FaithWords es una marca registrada de Hachette Book Group, Inc.

La editorial no es responsable de los sitios web (o su contenido) que no sean propiedad de la editorial.

El Hachette Speakers Bureau ofrece una amplia gama de autores para eventos y charlas. Para más información, vaya a www.hachettespeakersbureau.com o llame al (866) 376-6591.

A menos que se indique lo contrario, las escrituras mencionadas son paráfrasis del autor del texto bíblico mencionado.

Traducción y edición en español por LM Editorial Services | lydia@lmeditorial.com, con la colaboración de Belmonte Traductores.

ISBN: 978-1-5460-3599-2 (tapa blanda) | E-ISBN: 978-1-5460-3598-5 (libro electrónico)

Impreso en los Estados Unidos de América

LSC-C

10  9  8  7  6  5  4  3  2  1

# ÍNDICE

# EL PODER DEL
# FAVOR

# CAPÍTULO 1

# El poder del favor

Lo que Dios tiene en su futuro no puede usted lograrlo por sí mismo. Hay lugares donde Él va a llevarlo y donde usted mismo no puede ir. Habrá obstáculos que parecen demasiado grandes, sueños que parecen imposibles. Necesitará ayuda para el lugar a donde va. La buena noticia es que Dios ha puesto algo en usted que le da una ventaja, algo que abrirá puertas que usted no puede abrir, algo que le hará destacar entre la multitud. Se llama "favor". El favor hará que lleguen a usted buenas rachas y cambios. El favor le llevará desde el segundo plano hasta el primer plano. El favor le dará un trato preferencial, cosas que usted no merece. No era el siguiente en la línea, pero obtuvo el ascenso. Puesto en papel no tenía sentido, pero el préstamo se aprobó. Esa persona que estaba en contra suya, por alguna razón cambió y ahora le favorece. Eso no fue una coincidencia. Eso fue el favor de Dios.

Podemos trabajar duro, ser fieles y diligentes, y eso es importante, pero eso solamente nos llevará hasta cierto nivel.

Llegaremos tan lejos como lo permita nuestra educación, tan lejos como lo permita nuestro trasfondo. Pero cuando Dios sopla su favor sobre usted, sucederán cosas que usted no pudo lograr que sucedieran; se abrirán oportunidades que usted no veía venir. Las personas correctas le seguirán. He oído decir: "Un toque de favor vale más que toda una vida de labor". Solamente un buen cambio, una llamada telefónica, conocer a una persona, puede catapultarle a un nuevo nivel. Usted ha trabajado duro, ha sido fiel, ha honrado a Dios. Ahora prepárese para el favor. Prepárese para que Dios intervenga. Él está a punto de hacer algo inusual, algo que usted no ha visto, buenas rachas por las que usted no trabajó, un ascenso que no merecía. No se puede explicar, ni usted puede apropiarse del mérito. Es el favor de Dios.

Dios le dijo a Noé que construyera un arca, un barco de 450 pies de longitud. Noé no era constructor, esa no era su profesión. Parecía imposible, pero Dios nunca nos pedirá que hagamos algo sin darnos el favor para hacerlo. Usted tiene favor. La pregunta es: ¿tiene la fe? ¿Va a convencerse a usted mismo para no hacerlo? "No tengo los recursos. No conozco a las personas adecuadas. No tengo el talento". Eso está bien, porque usted tiene algo que compensa todo eso: el favor está sobre su vida.

Es bueno tener educación académica, pero solamente la educación no es suficiente. Solamente el talento no es suficiente. Usted necesita favor que prepara el lugar donde va. Quizá no conozca a las personas adecuadas, pero no se preocupe, pues Dios las conoce y Él ya ha preparado conexiones divinas, personas que llegarán a su vida y utilizarán su influencia para abrir puertas, para darle oportunidad que le hará avanzar. No tiene que manipular a la gente, intentar convencerlos para caerles bien, o hacer concesiones para lograr lo que quiere. Si alguien no está a su favor, no lo

> *El favor sobre su vida hará que las personas adecuadas aparezcan.*

necesita. No malgaste tiempo y energía intentando ganarse a la gente. Las personas a quienes Dios ha preparado para usted no tienen otra opción. Quizá usted no les cae bien, pero de todos modos le ayudarán. Se esforzarán por ser buenos con usted. No tiene que buscarlos. Ellos le encontrarán. Usted siga honrando a Dios, creyendo y esperando. El favor sobre su vida hará que las personas adecuadas aparezcan.

La gente en tiempos de Noé no tenía interés alguno por Dios. Vivían como querían, haciendo fiestas y adorando ídolos. Dios estaba tan indignado que estaba a punto de destruir la tierra mediante un gran diluvio. Podría haber aniquilado a todo el mundo y haber comenzado desde cero, pero la Escritura dice que Noé halló favor ante los ojos del Señor. ¿Por qué halló favor él y no las otras personas que lo rodeaban y estaban a punto de perecer? El versículo siguiente dice que Noé seguía continuamente la voluntad de Dios y hacía lo correcto. Noé pudo haber cedido, haberse ajustado, podría haber hecho lo que hacía todo el mundo, pero tomó la decisión de caminar en obediencia. Cuando usted honra a Dios, cuando lo pone a Él en primer lugar, hallará favor ante los ojos del Señor. Hay una bendición sobre su vida que lo levantará cuando los demás vayan hacia abajo.

## El favor lo lleva a destacar

"Bueno, si tengo favor, ¿por qué estoy teniendo estas dificultades? ¿Por qué estas personas vienen contra mí? ¿Por qué el negocio va más lento?". Tener favor no significa que no tendrá retos, pero el favor es lo que evitará que esos retos lo derroten, y algunas veces Dios le pondrá en una situación para así poder mostrarle su favor. Una definición de *favor* es "endosar, llevar a destacar, dar notoriedad". Si le pide a alguien que endose su libro, encuentra a una persona que tiene más influencia, más credibilidad, y mayor seguimiento que usted. Cuando esa persona pone su nombre en su libro, su prominencia le da a usted más credibilidad instantáneamente.

Oprah Winfrey solía tener su club de lectura. Posiblemente el autor o la autora quizá era desconocido, y nadie había oído jamás de ese escritor. Sin el endoso de ella, el libro vendía unos pocos miles de ejemplares, pero cuando Oprah decía en su programa de entrevistas: "Este es un libro estupendo. Deberían leerlo", este sencillo endoso podía causar que el libro vendiera cientos de miles de ejemplares.

Es estupendo tener el endoso de las personas, pero necesita usted prepararse. El Creador del universo está a punto de endosarlo. Dios va a hacer suceder cosas que son tan grandes y tan sorprendentes, que las personas sabrán que no pudo haberlo hecho usted solo. El reporte médico decía que usted estaba acabado. "¿Cómo se recuperó?". Dios lo endosó. Su favor causó que usted se sobrepusiera a lo que parecía imposible. "¿Cómo llegó a tener tanto éxito su negocio?

> *El Creador del universo está a punto de endosarlo.*

¿Cómo pudo adelantar tanto? Fuimos a la misma escuela". Dios lo endosó. Él mostró su favor de modo que los demás supieran que usted le pertenece a Él.

Esto es lo que le sucedió a Daniel en la Escritura. El favor no sacó a Daniel de los problemas. Los problemas eran una preparación para que Dios endosara a Daniel, para llevarlo a destacar. Daniel era un adolescente que vivía en un país extranjero. El rey emitió un decreto que decía que nadie podía orar a ningún dios excepto al rey mismo, pero Daniel adoraba a Jehová. Él tomó la decisión de que no iba a ceder, de modo que siguió orando como hacía cada día. Algunas personas lo vieron orando y fueron corriendo a decírselo al rey. El rey hizo que metieran a Daniel en un foso de leones hambrientos. Ese debería haber sido el final, pero por alguna razón los leones no pudieron abrir sus bocas. Puedo oír a uno de esos leones diciendo: "Tengo hambre. Quiero comerme a este muchacho, pero mis mandíbulas están atascadas".

El favor no le saca del foso de los leones, pero el favor evitará que los leones le hagan daño. A la mañana siguiente, el rey fue a ver cómo estaba Daniel. Cuando descubrió que Daniel estaba bien, declaró: "De ahora en adelante todos vamos a adorar al Dios de Daniel".

"Bueno, Joel, quizá eso fue un golpe de suerte. Tal vez los leones no tenían hambre aquel día". No, cuando sacaron a Daniel del foso de los leones, el rey hizo que lanzaran al foso a las personas que estaban en contra de Daniel, y antes de llegar al fondo del pozo, los leones los despedazaron. Cuando los demás vieron eso, supieron que el Señor estaba del lado de Daniel.

Dios va a hacer algunas cosas que le harán a usted destacar, le llevarán a nuevos niveles de influencia y credibilidad. Las personas pueden debatir lo que usted dice, pero no pueden debatir lo que ven. Cuando le vean dirigiendo la empresa, pagando por completo su casa, y graduándose con honores, sabrán que Dios le está respaldando. Cuando vean que rompe usted esa adicción, que vence al cáncer, que sale del foso de los leones sin sufrir daño, y logra sueños que están muy por encima de su alcance, sabrán que la mano de Dios está sobre su vida y que Él está a punto de llevarlo a un lugar de mayor prominencia. Usted ha estado en un segundo plano el tiempo suficiente, sirviendo con fidelidad y ayudando a otros sin obtener ningún reconocimiento. Está llegando su momento.

David pasó años en los campos con las ovejas cuidando del rebaño de su padre, y estoy seguro de que a veces pensaba: *No tengo favor. Nunca haré nada grande. Estoy atascado aquí. Nadie cree en mí.* Lo cierto es que no tiene que tener personas que crean en usted. El Dios Altísimo cree en usted. Cuando

David derrotó a Goliat, esa victoria, ese solo endoso, lo lanzó a un nuevo nivel de su destino y compensó todos aquellos años de soledad. Quizá usted siente que se está quedando atrás, que es demasiado tarde para alcanzar un sueño, o que nunca se pondrá bien. Lo que Dios puede hacer por usted en un momento lo situará cincuenta años más adelante en el camino. Ese es el poder del endoso de Dios.

## El sello de aprobación

Usted habrá visto un sello de aprobación en ciertos productos. Puede estar marcado por fuera de la caja de una empresa, y puede estar en un producto poco conocido. Nadie ha oído jamás de ese producto, pero cuando esa gran empresa le pone su sello, su sello de aprobación, tiene notoriedad y prominencia no debido a lo que es sino debido a quien lo endosó. El Creador del universo está a punto de poner su sello sobre usted. Él ya le ha aceptado y aprobado, pero está a punto de endosarlo; está a punto de salir a la luz pública; va a mostrar a la gente que usted le pertenece a Él. Usted va a lograr lo que no pudo lograr por sí mismo. Personas van a esforzarse para ayudarle. Usted va a derrotar gigantes que son mucho más grandes. La gente no cree que usted tiene una oportunidad, pero no saben lo que hay sobre usted; aún no pueden ver el favor, pero cuando Dios respalde, cuando Él intervenga, no van a tener ninguna duda de que el Señor está de su lado.

Los hermanos de José lo lanzaron a un pozo y finalmente
lo vendieron como esclavo. Fue acusado falsamente de un
delito, lo metieron en la cárcel por algo que no hizo. Tenía

> *El favor es el motivo*
> *por el que va a*
> *regresar a lo más alto.*

todas las probabilidades en contra,
pero la Escritura dice que José
tenía favor en todo lo que hacía.
Una cosa que he aprendido es que
no se puede mantener derribado a
un hombre favorecido. No se puede mantener derribada a
una mujer favorecida. Quizá tenga usted algunos obstáculos o
situaciones injustas, pero eso no significa que no tiene favor.
Los retos nos llegan a todos, pero el favor es el motivo de
que usted no vaya a quedarse derrotado. El favor es el motivo
por el que va a regresar a lo más alto.

José pasó trece años en un segundo plano, siendo ignorado
y maltratado. Hubo muchas noches solitarias, pero él no se
amargó; siguió haciendo lo correcto. Un día, el faraón tuvo
un sueño que nadie podía interpretar, de modo que sacaron
a José de la cárcel y lo llevaron a la presencia del faraón.
Ahora estaba delante de una de las personas más poderosas
de aquella época. José interpretó el sueño, y el faraón quedó
tan impresionado que convirtió a José en el primer ministro,
la segunda persona al mando. Puedo imaginar que aquella
reunión no tomó más de una hora. José entró como un esclavo
encarcelado; una hora después, salió como primer ministro.

Usted no sabe lo que Dios puede hacer en una hora. Él
puede tomar años de sufrimiento, años de ser pasado por

alto, años de oraciones, de creer sin ver ninguna victoria, y en una hora, Él no solo puede liberarlo, no solo puede hacer que se cumpla un sueño, sino que también puede hacer algo que le catapulta a un nivel nuevo de su destino. ¿Cómo puede suceder eso? El favor sobre su vida. Cuando Dios sopla sobre usted, se abrirán puertas sobrenaturalmente. Obstáculos que parecen permanentes, desaparecerán. Personas que estaban en su contra, estarán de repente a su favor.

Años después, los hermanos de José llegaron al palacio buscando comida, los mismos que lo habían lanzado al pozo. Había una gran hambruna en su país, y habían viajado hasta Egipto. Ahora José, que era el primer ministro, estaba a cargo de la provisión de alimentos. Los hermanos habían hecho todo lo posible para humillarlo, pero Dios sabe cómo endosarnos. Él sabe cómo situarnos en una posición de prominencia.

Quizá siente que está en un pozo en este momento. No se desaliente. Todos tenemos paradas en pozos a lo largo del camino en la vida. La buena noticia es que ese no es su destino final. Dios tiene un endoso en camino, y he aprendido que mientras mayor es la oposición, mayor es el endoso. Parecido a un arco y una flecha, mientras el enemigo intenta echarlo más hacia atrás, más usted avanzará. Él cree que lo está empujando hacia atrás para ocultarlo, pero no entiende que le está situando para disparar más lejos de lo que usted nunca imaginó. Cuando Dios diga que es el momento, usted disparará hacia la prominencia, disparará hacia nuevos niveles de influencia, liderazgo, respeto, ingresos y credibilidad.

Cuando los hermanos vieron a José y finalmente se dieron cuenta de quién era, casi se desmayan. Pensaban que se habían librado de él, pero lo que ellos propusieron para mal, Dios lo usó para bien. Dios no solo va a librarlo a usted, no solo va a sacarlo fuera, también va a respaldarlo, va a situarlo en una posición de prominencia donde las personas podrán verlo honrado, respetado y admirado.

## Está siendo preparado para el endoso

Por más de cuarenta años, la Iglesia Lakewood estuvo ubicada en un barrio en el lado noreste de Houston, y con el tiempo esa zona de la ciudad se volvió más industrial y un poco más deteriorada. Cuando yo era pequeño, Lakewood se reunía en un pequeño edificio de acero, con sillas plegables de metal y un estacionamiento de grava. Teníamos un edificio de madera portátil para las guarderías, y algunas personas nos miraban con desdén porque no podíamos permitirnos mucho. Éramos de segunda clase. Estábamos en desventaja.

Cuando me convertí en pastor, hubo ciertas personas a las que veía durante la semana que no eran parte de Lakewood y no me lo hacían pasar bien. Apenas reconocían incluso que yo estaba allí. Pero en diciembre de 2003, el ayuntamiento de Houston votó para que tuviéramos el anterior Compaq Center como nuestro edificio. Pasamos de estar en la parte industrial de la ciudad con carreteras angostas, en un barrio donde apenas alguien podía encontrarnos, a estar en la segunda autopista con más movimiento del país en uno de los edificios más conocidos y prestigiosos en nuestra ciudad. Ese cambio nos catapultó a niveles de influencia y respeto que no podríamos haber alcanzado por nosotros mismos en toda nuestra vida, y aquellas mismas personas que no me lo hacían pasar bien comenzaron a preguntarme si podía reservarles asientos. Yo les dije: "Claro que lo haré, justo al lado de la bandera".

¿Qué estoy diciendo? Dios sabe cómo endosarlo; Él sabe cómo hacer que le vean bajo una luz diferente. No se desaliente por el lugar donde está. Dios ve lo que está sucediendo y toma nota. Él va a enderezar los caminos torcidos. Él escucha la falta de respeto, escucha a los demás burlándose. La Escritura dice que Dios escuchó a Miriam (también María) criticar a Moisés a sus espaldas. Quizá otros no se lo han hecho pasar bien, pero no se preocupe, pues llega el endoso, no de personas sino del

> *Él va a hacer cosas que están fuera de su liga, cosas que usted no podría hacer suceder.*

Dios Altísimo. Él va a hacer cosas que están fuera de su liga, cosas que usted no podría hacer suceder. Él no solo le sorprenderá a usted, sino que también las personas que le rodean quedarán sorprendidas.

Cuando personas me felicitaban por haber conseguido el Compaq Center, yo pensaba: *Si tú supieras.* Sí, oré y creí, pero Dios hizo suceder cosas que yo nunca habría podido hacer que sucedieran. La Escritura dice que Dios cambiará el corazón del rey. Dios cambió a miembros del consejo municipal que habían estado contra nosotros por años, y de repente nos favorecían.

En este momento, Dios está obrando entre bastidores en su vida. Le está preparando para un endoso, le está preparando para algo que usted no ha visto nunca: promoción, influencia, relaciones que le lanzarán a un nuevo nivel. Ese voto del ayuntamiento probablemente tomó diez minutos. El alcalde llevó la moción allí, se produjo un poco de diálogo, y entonces catorce miembros del consejo votaron. Es asombroso lo que Dios puede hacer en diez minutos. Esos diez minutos cambiaron el curso de mi vida. Es asombroso lo que Dios puede hacer en una hora: José reuniéndose con el faraón. Es asombroso lo que Dios puede hacer en una noche: Daniel protegido en el foso de los leones.

## Llega "ese día" para usted

Dios tiene algunos de esos momentos de destino preparados ya para usted. Ahora no puede verlos, y si Él se los mostrara, usted pensaría: *No hay modo de que eso suceda*. Pero cuando Dios le endosa, no es como cuando las personas le muestran favor. Cuando Dios lo hace, le catapulta hacia adelante, y no va a tomar mucho tiempo. Sí, usted tiene que ser fiel. José estuvo en lugares difíciles por trece años, pero solamente le tomó una hora poder salir. Él no lo vio llegar. Se despertó esa mañana pensando que era otro día normal y corriente en la cárcel, pero no sabía que ese era su día para ser endosado. No sabía que ese día era un momento de destino.

Lo que Dios tiene para usted va a suceder inesperadamente. Usted está haciendo lo correcto, honrándolo a Él y, de repente, alguien llamará y le ofrecerá el ascenso. El reporte médico

> *Padre, gracias por endosarme hoy.*

dirá que ya no hay cáncer, el contrato saldrá adelante, o se encontrará con la persona de sus sueños. ¿Qué sucedería si nos levantáramos cada día y dijéramos: "Padre, gracias por endosarme hoy; hazle ver a los demás que yo soy tu hijo"?

Cuando los israelitas estaban a punto de cruzar el río Jordán, Dios le habló a Josué: "Hoy comenzaré a engrandecerte ante los ojos de todos los israelitas". Dios estaba diciendo: "Josué, este es tu momento. Estoy a punto de endosarte. El pueblo va a ver la grandeza que he puesto en ti. Has estado en el segundo plano sirviendo a Moisés y siendo fiel, pero hoy vas a pasar a la primera línea". No mucho después de aquello, Josué condujo a los israelitas a la Tierra Prometida.

La Escritura dice que ese día Dios engrandeció a Josué ante los ojos de todo el pueblo. Dios tiene "ese día" para usted, un momento en que Él le hará grande, cuando Él hará que usted destaque, en el que logrará cosas grandes que nunca soñó que podría hacer. Usted lo sabrá, y las personas que le rodean verán la grandeza en usted.

Helen Major fue miembro de Lakewood por mucho tiempo. Enseñó en la escuela elemental por casi cuarenta años, invirtiendo fielmente lo mejor de ella en los niños. Tuvo un

ascenso tras otro, y después se convirtió en directora asistente
y después en la directora. Tras una carrera muy distinguida,
se jubiló. Meses después se abrió una nueva escuela en el
distrito escolar. La junta escolar votó unánimemente para
ponerle el nombre de Escuela Elemental Helen Major. Ella
nunca soñó con que una escuela llevara su nombre, pero Dios
sabe cómo endosarnos. Él sabe cómo hacer que nuestra vida
sea significativa, y no es para que podamos decir: "Miren
quiénes somos. Miren cuán grandes somos ahora". Se trata de
permitir que se vea la gloria de Dios por medio de nosotros.
Dios quiere hacer de usted un ejemplo de su bondad, y si
camina en humildad y siempre le da a Dios el mérito, no
hay un límite con respecto a cuán alto le llevará Él.

Romanos 8 dice que toda la creación gime esperando
el día en que Dios revele quiénes son realmente sus hijos.
Está hablando de cuando lleguemos al cielo, pero incluso
ahora, Dios va a mostrar a los demás que le pertenecemos a
Él. Toda la creación está a la espera de que usted entre en
*ese día*. El escenario está preparado, y la audiencia está en
su lugar. Usted siga honrando a Dios, y Él mostrará a los
demás quién es usted realmente. Va a llevarle a una posición
de mayor prominencia.

Puede que usted esté entre bastidores como yo solía estar
cuando realizaba la producción televisiva en Lakewood, y no
hay nada de malo en eso, pero Dios tiene algo más grande.
Él va a usarlo para lograr algo significativo, no solo para
hacer una pequeña parte. Usted va a brillar; va a destacar.
La gente va a ver la grandeza en usted. Es bueno celebrar

a otros, es bueno animar a los amigos; es bueno admirar a quienes van por delante de nosotros, pero Dios no quiere que vivamos en modo animador, pensando siempre en cuán grandes son otros. ¿Puedo decirle que hay grandeza en usted? Usted tiene talento, creatividad, habilidad, valentía y fuerza. Todo eso va a mostrarse de una manera más grande, y cuando entre en "ese día" cuando Dios le respalda, los demás van a dar un paso atrás y decir: "Vaya, no sabía que eso estaba en él. Nunca soñé que resplandecería tanto". Dios va a mostrar a las personas quién es usted realmente.

## El favor se da para cumplir su propósito

Hubo una joven judía en la Escritura llamada Ester. Quedó huérfana al perder a sus padres. Vivía en el exilio en Persia. No parecía que ella haría alguna vez algo grande; pero un día el rey buscaba una nueva reina. Él decidió realizar un concurso de belleza en toda la nación para así poder escoger a la siguiente reina. El rey envió a personas a buscar a muchachas jóvenes, y llevaron a Ester a ese concurso. Ester nunca había sido preparada para ser reina, ni tampoco tenía la formación, pues no provenía de una familia destacada. Situaron a todas las jóvenes delante del rey. Todas ellas eran hermosas, todas vestían a la última moda, y todas tenían los mejores peinados y maquillajes. Puedo imaginar que el rey miró sus currículums. Algunas de ellas provenían de riqueza e influencia. Otras tenían currículums impresionantes, una educación estupenda, y destacaban en su campo. Había muchas opciones obvias, pero por alguna razón el rey escogió a Ester, una huérfana, una extranjera.

Cuando Dios nos respalda, nos hará destacar. Su favor hará que seamos preferidos. Podrían haber escogido a cualquier otro para el contrato, pero por alguna razón le escogieron a usted. Podrían haber comprado cualquier casa en el barrio, pero por alguna razón les gustó más la de usted. Había muchos alumnos que se merecían la beca, pero por alguna razón lo escogieron a usted. Dios sabe cómo hacerle atractivo, sabe cómo hacer que usted caiga bien a los demás. Algunas veces ni siquiera saben por qué, ni pueden señalarlo con el dedo. Simplemente hay algo en usted. Eso es Dios sonriéndole a usted.

"Bueno, Joel, eso suena muy bien, pero no tengo la formación, no tengo la experiencia". Tampoco las tenía Ester. El favor es más poderoso que su currículum. El favor le llevará donde usted no tiene las calificaciones. El favor abrirá puertas donde usted mirará y pensará: *¿Como llegué hasta aquí? Yo era el menos probable.* Ester nunca soñó con llegar a ser reina. Eso ni siquiera estaba en su radar. Pero cuando usted llega a "ese día" en el que Dios le respalda, Él le llevará a una prominencia que usted nunca imaginó. Hará que la oportunidad llegue a su camino. Ester no buscaba esa posición; la posición llegó a ella. Ella pasó desde la última fila a la primera fila. Más adelante, Ester utilizó su posición para

> **El favor es más poderoso que su currículum.**

salvar al pueblo judío de un complot para destruirlos. Creo que una razón por la que Dios le dio tal prominencia es que sabía que ella usaría la influencia para cumplir su propósito.

El favor no se trata de tener una casa más grande, un vehículo mejor o más cosas. No hay nada de malo en eso, pero ese no es el motivo por el cual Dios va a favorecerle. El favor se da para cumplir su propósito. Es para avanzar su reino. Cuando sus sueños están vinculados a ayudar a otros, a hacer del mundo un lugar mejor, a levantar al caído, entonces llegará a algunos de esos momentos de "ese día" cuando Dios brillará más sobre usted de lo que había imaginado jamás. Cuando Dios puede confiar en usted, lo llevará del anonimato a la notoriedad.

Ahora, usted ha trabajado mucho, ha sido fiel, ha dado a Dios. Prepárese, porque está a punto de levantarse el telón. Dios va a mostrar a las personas quién es usted realmente. Yo creo y declaro que está usted entrando en un nuevo nivel de prominencia, un nuevo nivel de influencia, un nuevo nivel de ingresos. Dios está a punto de endosarlo. ¡Personas van a ver la grandeza que Él puso en usted!

# CAPÍTULO 2

## *Declare favor*

Una manera en que nuestra fe es liberada es mediante nuestras palabras, y existe una conexión entre declarar favor y recibir favor. No es suficiente tan solo con creer que tiene usted favor; no es suficiente solo con esperar favor. Tiene que llevarlo un paso más lejos y declarar favor. Cada día debería declarar: "Tengo el favor de Dios. El favor está sobre mi familia. El favor está sobre mi salud. El favor está sobre mi negocio. El favor está sobre mis finanzas". Cuando declaramos algo en voz alta, le damos el derecho a que llegue a pasar. Cuando enfrente situaciones difíciles, en lugar de estar desalentado pensando: *¿Por qué sucedió esto?*, necesita declarar: "El favor de Dios está cambiando esto. El favor está produciendo sanidad, libertad, vindicación y victoria en mi vida".

Una cosa es pensarlo, pero cuando lo declaramos, los ángeles se ponen a trabajar. En el ámbito invisible comienzan a cambiar cosas. Oramos, creímos y esperamos. Eso es bueno, pero es momento de comenzar a declarar favor. Declare favor sobre sus finanzas. "Padre, gracias porque tu favor me está trayendo clientes. Gracias porque tu favor está causando que yo destaque. Gracias porque lo que toco prosperará y tendrá éxito". La Escritura dice que Jesús crecía en favor con los hombres y con Dios. Usted puede crecer en favor. Mientras más le agradezca a Dios por ello y más lo declare, más favor va a ver.

"Joel, usted dice que tengo favor, pero nunca veo buenos cambios. Nunca veo nada inusual". Quizá sea porque no lo está declarando. ¿Por qué no le da una vuelta más? A lo largo del día, diga: "Padre, gracias porque tu favor me está respaldando, gracias porque tu favor me está llevando a la prominencia. Gracias porque tu favor me está llevando a nuevos niveles". Eso no es solamente ser positivo. Eso es liberar su fe para recibir el favor de Dios.

## Sus palabras liberan su fe

Nosotros éramos cinco niños Osteen que estábamos creciendo. Nunca salíamos de la casa sin que mi mamá dijera: "Padre, gracias porque mis hijos tienen tu favor". Me gusta bromear con que aquello funcionó para todos nosotros, excepto para mi hermano Paul. Cuatro de cinco no es tan malo. Pero es bueno orar por sus hijos. Pídale a Dios que los proteja, los guíe y les dé sabiduría, pero no se detenga ahí. Declare favor sobre ellos. "Padre, gracias porque mis hijos tienen favor con sus maestros, favor con otros alumnos, favor que hace que sobresalgan".

David hizo esto. Él declaró: Ciertamente el bien y la misericordia me seguirán todos los días de mi vida. En una traducción de la Biblia, la palabra *bondad* es *favor*. David estaba diciendo: "Ciertamente el favor me sigue toda mi vida". En efecto, estaba diciendo: "El favor evita que mis enemigos me derroten. El favor me hace atractivo. El favor está produciendo promoción y oportunidad". Él no solo pensaba en ello, no solo esperaba que funcionara. Él declaró favor sobre su vida. No es de extrañarse que el profeta Samuel acudió a él y lo ungió como el siguiente rey. No es de extrañarse que derrotara a un gigante que le doblaba la altura. No es de extrañarse que el rey Saúl no pudiera matarlo.

Cuando usted habla constantemente sobre el favor de Dios, presumiendo de su bondad, irá a lugares donde no podría ir por sí mismo. Vencerá obstáculos que parecen imposibles. Quizá ha estado soltero por mucho tiempo, y no cree que conocerá nunca a la persona correcta. Comience a declarar: "El favor de Dios está trayendo a mi vida a alguien asombroso. El favor me hace atractivo. El favor me sitúa en el lugar adecuado en el momento correcto". Si está batallando en sus finanzas, en lugar de quejarse comience a declarar: "El favor de Dios está produciendo aumento y promoción. El favor está abriendo puertas que yo no puedo abrir. El favor causa que lleguen a mi vida cambios buenos". O el reporte

> *Cuando usted habla constantemente sobre el favor de Dios, presumiendo de su bondad, irá a lugares donde no podría ir por sí mismo.*

médico no parece bueno. Podría orar al respecto y esperar mejorar, y eso es bueno. Pero también comience a declarar: "El favor de Dios está produciendo sanidad. El favor de Dios hace que me recupere. El favor de Dios me ayuda a desafiar las probabilidades. Dios me satisfará con larga vida".

Desde que comencé a ministrar, he dicho: "Padre, gracias porque tu favor me hace destacar, porque cuando la gente me ve en televisión, no pueden apagarla". Cada semana alguien me dice: "Estaba cambiando de canales. No me gustan los ministros en televisión y nunca los veo; pero Joel, sintonicé su programa y no pude apagarlo". Yo sé que eso no fue coincidencia. No habría sucedido si yo no hubiera declarado favor.

## Active este favor

Necesita declarar favor sobre los sueños que Dios ha puesto en su corazón. Declare que el favor de Dios está rodeando esos problemas que parecen imposibles. En la Escritura, Nehemías tenía el sueño de reconstruir los muros que rodeaban Jerusalén. Habían sido derribados, y la gente que vivía allí estaba desprotegida. Este sueño parecía imposible. Nehemías vivía a miles de kilómetros de Jerusalén, trabajaba como copero del rey; no tenía la influencia, las conexiones, los recursos o la financiación; pero cuando Dios nos da un sueño, Él alineará todo lo que necesitamos. Su favor hará que todo encaje. La pregunta es: ¿Vamos a activar este favor?

Nehemías no era un miembro del gabinete. No estaba

en el equipo ejecutivo del rey. Trabajaba en la cocina, pero entendía este principio: el favor sobre su vida le ayudaría a lograr sueños que no podía alcanzar por sí mismo. Le pidió permiso al rey para regresar a Jerusalén a trabajar en el proyecto, y por alguna razón, al rey le gustó. No tenía sentido permitir que se fuera por tanto tiempo, pero el rey aceptó. Nehemías dijo: "Voy a necesitar protección. ¿Me dará una carta dirigida a todos los líderes en las ciudades que esté atravesando, diciéndoles quién soy yo?". El rey aceptó. Nehemías no se detuvo ahí. Añadió: "Una cosa más, rey. No tengo provisiones para reconstruir los muros. No tengo dinero. Necesito una carta de usted que les diga a los dueños de la madera y las canteras que me den los materiales que necesito". Cuando sabemos que tenemos favor, tendremos valentía, confianza para pedir en grande, para esperar ventajas. De nuevo, el rey aceptó.

En Nehemías 2, él dijo que el rey le otorgó todas esas peticiones, porque la mano de favor de Dios estaba sobre él. Estaba diciendo: "Sé por qué sucedió todo esto. El favor de Dios está sobre mi vida". Cuando vea el favor de Dios, siempre tome tiempo para darle gracias. Tome un momento para decir: "Señor, reconozco que esto fue tu bondad. Gracias por darme favor. Gracias por hacer suceder cosas que yo no podría haber hecho suceder".

Nehemías comenzó con el muro y tuvo todo tipo de oposición, pero cada vez el favor de Dios le ayudó a vencer. Debería haberle tomado más de un año reconstruirlo, pero lo hizo en solo cincuenta y dos días. El favor de Dios

acelerará las cosas. No va a tomar tanto tiempo como usted
pensaba el alcanzar sus sueños, recuperarse de la enfermedad, pagar por completo su casa. El

> *No va a tomar tanto tiempo como usted pensaba el alcanzar sus sueños.*

favor sobre su vida está acelerando
las cosas. Nehemías dijo: "Le dije a
toda la gente que la mano de gracia de Dios estaba sobre mi vida".
Él presumía constantemente de la
bondad de Dios, hablaba constantemente de su favor.

Cuando enfrente diferentes situaciones que parecen imposibles, no hable de cuán grande es el problema. Haga lo que
hizo Nehemías y comience a declarar: "La mano de gracia
de Dios está sobre mi vida". Bueno, su hijo está descarrilado. "Sí, pero el favor de Dios lo hará regresar". No puede
comenzar su negocio, no tiene las conexiones. "Sí, pero tengo
una ventaja. El favor de Dios va a traer a mi camino a las
personas correctas". Bueno, el reporte médico dice que usted
está acabado. "Sí, pero tengo otro reporte que dice que viviré
y no moriré. Padre, gracias porque tu mano misericordiosa
está sobre mí. Gracias porque tu favor está haciendo lo que
la medicina no puede hacer".

"Bueno, Joel, probé esto durante dos semanas y no sucedió
nada". No, esto tiene que ser un modo de vida, donde todos
los días, ya sea que llueva o haga sol, esté en la cumbre de
la montaña o en el valle, levántese en la mañana y declare:
"Tengo el favor de Dios". No es solo para recordárselo a usted
mismo, no es solo para mostrarle a Dios que confía en Él,
sino que le está mostrando al enemigo a quién pertenece usted.

## Corone sus esfuerzos con éxito

La Escritura dice que, si reconocemos a Dios en todos nuestros caminos, Él coronará nuestros esfuerzos con éxito. Una manera de reconocer a Dios es, a lo largo del día, en un susurro, declarar su favor. Antes de hacer esa presentación en el trabajo diga: "Padre, gracias porque tengo favor con estas personas". Al ir al centro comercial, diga: "Señor, gracias porque tu favor me ayudará a encontrar lo que necesito". El favor de Dios le ayudará a encontrar los mejores precios. El favor le pondrá en el lugar correcto en el momento adecuado. Entrará en un estacionamiento lleno de vehículos y, justamente cuando usted entra, hay un auto que sale marcha atrás y usted consigue ese espacio cerca de la puerta. Eso no fue un golpe de suerte; fue el favor sobre su vida.

Hace años le prometí a nuestra hija Alexandra que le compraría un teléfono celular. Al día siguiente, llegó corriendo y dijo: "Papá, ¿podemos ir a la tienda?". Le dije que sí. Cuando Jonathan escuchó que íbamos, quiso ir con nosotros. Yo dije: "Es estupendo, Jonathan, porque me encantaría que vinieras, pero tú ya tienes un teléfono celular". Él dijo: "Ya lo sé, papá. Solo quiero mirar". Entonces, cuando Victoria oyó que íbamos los tres, decidió acompañarnos también. Se convirtió en un asunto familiar. Al ir conduciendo hacia la tienda, en un susurro y por hábito, dije: "Señor, gracias por tu favor. Gracias porque nos ayudarás a encontrar lo que necesitamos". Entramos en la tienda y llegó un vendedor para atendernos, y nos mostró algunos teléfonos. Alexandra encontró el que quería.

Estábamos a punto de salir cuando Jonathan se acercó y dijo: "Papá, realmente quiero la versión más nueva de mi teléfono". Su teléfono ni siquiera tenía un año de antigüedad, era prácticamente nuevo y yo no quería hacer eso. El vendedor pidió ver mi teléfono, y entonces tecleó algo en la computadora y dijo: "Tiene usted acceso a una actualización sin ningún cargo". Yo dije: "Bueno, estupendo. Le damos a Jonathan el teléfono nuevo y yo me quedaré con el suyo". El suyo era como nuevo para mí. Estábamos a punto de irnos, pero entonces el vendedor le preguntó a Victoria: "¿Qué tipo de teléfono tiene?". Ella se lo mostró, y él dijo: "Necesita un teléfono nuevo". Comprobó en la computadora, pero ella no tenía acceso hasta varios años después. Yo le di las gracias por la consulta y por toda su ayuda. Mientras salíamos, el gerente de la tienda dijo: "Un momento. Ella no va a irse sin un teléfono nuevo". El vendedor miró al gerente con una expresión que decía: "¿Qué quiere decir? ¿Qué quiere que haga?". Él le ordenó: "Dale un teléfono". Al vendedor se le abrieron los ojos como platos, y preguntó a modo de clarificar: "¿Se refiere a, darle, darle, gratis, sin cargo?". El gerente asintió: "Sí, dale cualquier teléfono que ella quiera". Habíamos entrado allí para comprar un teléfono, y salimos con cuatro, pero solamente pagamos uno. Quizá piense que fue buena suerte, pero yo sé que fue el favor de Dios.

Al conducir de regreso a casa, estiré el brazo hacia mis hijos y dije: "Vamos, tienen que quitarme un poco de este favor. No puedo sostenerlo todo". Cuando usted no solo reconoce que tiene favor, sino que también declara favor, Dios lo mostrará en su vida, y verá cosas que no merece. Si está en el negocio de los bienes inmuebles, declare: "Padre, gracias porque tu favor está causando que se vendan mis propiedades. Gracias porque tu favor traerá a los compradores adecuados". Antes de tomar ese examen en la escuela, declare: "Padre, gracias porque tu favor me está haciendo sobresalir". Antes de reunirse con esos nuevos clientes, declare: "Señor, gracias porque tu favor me está haciendo atractivo".

## Pida lluvia

"Bueno, Joel, Dios tiene cosas más grandes con las que lidiar en lugar de que yo consiga un teléfono celular o encuentre un buen lugar de estacionamiento". ¿Puedo decirle que usted es lo más grande que Dios tiene con lo que lidiar? Es usted la niña de sus ojos. Él quiere mostrarle su bondad. Eso es favor. El profeta Zacarías dijo que pidiéramos lluvia en tiempo de lluvia. En la Escritura, la lluvia representa favor. Esto parece extraño. Si está lloviendo, ¿por qué necesitamos pedir lluvia? Dios estaba diciendo: "Solo porque mi favor esté disponible no van a experimentarlo a menos que lo reclamen, a menos que lo declaren". Usted quizá no puede verlo, pero en este momento está lloviendo. Está lloviendo sanidad, lloviendo libertad, lloviendo ascenso,

> *Él quiere mostrarle su bondad. Eso es favor.*

lloviendo cónyuges, lloviendo buenos cambios, lloviendo abundancia. Dios está derramando su favor como nunca antes. Mi reto es que no deje que tan solo pase por su lado. No vaya por ahí solamente esperando y creyendo. El modo en que obtiene la lluvia es declarando favor: "Padre, gracias porque tu favor está abriendo puertas que ningún hombre puede cerrar. Gracias porque tu favor está produciendo buenas rachas, ventajas, trato preferencial. Señor, gracias porque tu favor está derrotando enemigos, cambiando situaciones negativas, rompiendo fortalezas que intentan detenerme". Cada vez que usted declara favor, está pidiendo que caiga la lluvia. Eso es lo que permite que Dios intervenga en su vida.

Tengo un amigo cuyo hijo jugaba en un equipo de béisbol de la liga menor. Su sueño era poder llegar hasta las grandes ligas. Él es extremadamente talentoso, lideró la división en bateo por varios años, pero parecía como si cada vez que estaba a punto de ser ascendido a las grandes ligas, surgía algo y lo dejaban a un lado. Sus padres me decían, una y otra vez, que él lideraba la liga en jonrones, que estaba teniendo un año magnífico, pero por alguna razón era pasado por alto. Ellos podrían haberse desalentado y pensado que aquello no era para él, pero hicieron lo que le pido a usted que haga. No dejaron de declarar el favor de Dios: "Padre, gracias porque tu favor está sobre nuestro hijo. Gracias porque tu favor lo está situando en el lugar correcto. Gracias porque tu favor está haciendo que él destaque". El equipo para el que jugaba tenía un jugador estrella en las grandes ligas que jugaba en el mismo puesto que él. Parecía como si ese jugador fuera a estar allí por años, pero un día, inesperadamente, el jugador estrella pidió un intercambio y fue enviado a otro equipo. Este joven fue ascendido repentinamente a las grandes ligas, y pasó a vivir su sueño de jugar al béisbol en las grandes ligas.

Cuando usted declara el favor de Dios, Él sacará a personas del camino para hacer espacio para usted. El favor le ascenderá repentinamente, inesperadamente, a cosas que no vio llegar. Puede que no vea cómo puede alcanzar un sueño o cómo se pondrá bien. No parece que la situación vaya a cambiar nunca. Tengo buenas noticias. Está lloviendo.

Si usted hace su parte y no deja de declarar el favor de Dios, como sucedió con el hijo de mi amigo, Dios va a hacer algo inusual, algo que usted no esperaba, y de repente será ascendido, de repente se pondrá

> *El favor le ascenderá repentinamente, inesperadamente, a cosas que no vio llegar.*

bien, o de repente conocerá a la persona adecuada.

## Que nadie le disuada de cumplir sus sueños

Cuando adquirimos el Compaq Center, contratamos arquitectos para dibujar planos y ver lo que sería necesario para renovarlo. Teníamos que construir nuestra propia central eléctrica además de un edificio adicional de cinco pisos. El costo llegaba a los 100 millones de dólares. No teníamos ese tipo de financiación, de modo que nos reunimos con nuestro banco para ver cuánto podrían prestarnos. Habíamos conocido a esos banqueros por años, desde cuando estaba mi papá. Ellos conocían las finanzas de la iglesia, que el ministerio era sólido, y tenía potencial para el crecimiento. Nos reunimos, y ellos fueron muy amables, pero demasiado negativos. Me dijeron todas las razones por las cuales aquello no funcionaría, que nunca podían asumir ese tipo de riesgo de prestarnos ese dinero, que todos los bancos iban a darnos un no, y otras cosas parecidas. Salí de allí muy desalentado. Yo era joven, y no sabía qué otra cosa pensar.

Desde entonces he aprendido que las personas no tienen la última palabra. Las personas no controlan nuestro destino. Las personas no pueden ver el favor que hay en nuestra vida, y no saben lo que Dios se propone hacer. No permita que le disuadan de cumplir sus sueños. No deje que las personas le convenzan de que no puede recuperarse, que nunca podrá permitirse una casa bonita, que nunca romperá con la adicción. Ellos miran lo natural. Nosotros servimos a un Dios sobrenatural, y un toque de su favor nos catapultará hacia adelante. Tal vez ellos sean negativos, desalentadores y condescendientes. Que eso le entre por un oído y le salga por el otro, pues nada de eso puede detener su propósito. El favor que hay en su vida desafiará las probabilidades. El favor le llevará donde no tiene las calificaciones para estar. Sobre el papel, puede que no tenga sentido. No se preocupe. Dios sabe lo que hace.

A la mañana siguiente me desperté con un fuego en mi espíritu. Algo en mi interior decía: "Joel, Dios no te trajo hasta aquí para dejarte donde estás. Él no sacó de ese edificio al equipo de básquetbol de los Rockets, ni hizo que el alcalde fuera bueno contigo, tampoco cambió la opinión de uno de los concejales, y no te hizo pasar por una demanda para que pudieras quedarte atascado donde estás". Entendí que el favor de Dios nos había llevado hasta ese punto, y el favor de Dios iba a mantenernos avanzando. En lugar de estar desalentado y pensando: *Mira cuán grandes son estos obstáculos,* mi actitud era: *Mira cuán grande es Dios. Padre, gracias porque tu favor traerá a las personas adecuadas, personas que respaldarán la visión. Gracias porque tu favor está abriendo un camino donde yo no veo ninguno.*

Decidimos probar con otro banco. Nunca nos habíamos reunido con esos banqueros, nunca tuvimos ningún contacto con ellos, pero cuando entramos vimos una diferencia como del cielo a la tierra. Desde el inicio mismo, ellos estaban a nuestro favor. Tenían una carta sobre la mesa que nos ofrecía un préstamo tres veces mayor que la cantidad que el otro banco dijo que nunca conseguiríamos. Ni siquiera habían visto nuestras finanzas. Nunca miraron nuestros libros de contabilidad. Cuando vi que ellos nos prestarían tanto dinero, dije: "¿Qué les parece prestarnos la cantidad completa para que así podamos hacerlo todo?". Ellos dijeron: "No será un problema. Haremos que suceda".

Dios tiene esas conexiones divinas preparadas para usted, personas que respaldarán su visión, personas que le favorecerán, no personas a las que tenga que convencer. Puede que aún no las haya visto, pero están en su futuro. Dios ya las ha ordenado para que le ayuden. El favor en su vida va a cerrar las puertas equivocadas y va a abrir las puertas correctas. "Bueno, Joel, he estado declarando favor, pero no veo que suceda nada. No parece que nada vaya a cambiar". El apóstol Pedro dice que esperemos hasta el final, porque llega el favor divino. Tal vez no lo ha visto aún, pero el favor está en camino. La sanidad está en camino. El ascenso está en camino. Las personas correctas están en camino.

## Montes y granos de arena

Hace unos años atrás conocí a un hombre que estaba muy desalentado. Él está en la industria del diseño gráfico. En cierta época su empresa había sido muy exitosa, pero con los años su negocio había ido en picado. Había perdido a todos sus clientes importantes, y parecía como si la bancarrota fuera inevitable. Él habló conmigo contándome sobre el problema, explicando con gran detalle todos los reveses que había sufrido y cuán injusto era todo. Finalmente tuve que interrumpirlo y decir: "Hemos hablado lo suficiente sobre los problemas. Comencemos a hablar de la solución. Comencemos a hablar de lo que Dios puede hacer. Hablemos del hecho de que el favor está en camino". Oramos juntos, y entonces le dije: "Hay algo que tiene que hacer. Cada mañana, necesita declarar: 'Tengo el favor de Dios. El favor me traerá nuevos clientes. El favor va a cambiar mi negocio'. Entonces, a lo largo del día y en un susurro, no deje de dar gracias a Dios por ese favor".

Lo vi de nuevo varios meses después, y parecía una persona nueva, rebosante de alegría. Me contó que, en su momento más bajo, cuando pensó que estaba acabado, una empresa para la que nunca había trabajado lo contactó y le pidió que hiciera una presentación. Lo escogieron a él en lugar de a otras empresas importantes. Él

> *Cada mañana, necesita declarar: "Tengo el favor de Dios".*

dijo: "Con este único cliente nuevo tendré más ingresos que con todos mis anteriores clientes combinados". Estaba en la senda hacia tener un año récord.

Lo que está enfrentando quizá parezca imposible. No hable del problema; hable de la solución. Hable del hecho de que el favor está en camino. "Sí, quizá mis finanzas estén bajas, pero sé que llega favor". "Estas personas en el trabajo no me tratan bien. No voy a vivir amargado. Sé que el favor está en camino". "Bueno, mi hijo está descarriado, pero sé que es solo temporal. El favor de Dios va a cambiar las cosas".

Eso es lo que hizo un hombre llamado Zorobabel en la Escritura. Él estaba a cargo de la reconstrucción del templo en Jerusalén. Todo estaba en su contra. Los líderes de la ciudad contrataron abogados para intentar detenerlo, y no querían darle los permisos. Otras personas causaban peleas y problemas. Parecía imposible. Él podría haberse desalentado, pero oyó la profecía que el Señor le dio a Zacarías sobre él, y basándose en eso dijo: "¿Quién eres tú, gran monte que está delante de mí? Te convertirás en meros granos de arena. Terminaré el templo gritándole gracia". Estaba diciendo:

"Tengo esta gran montaña delante de mí, pero no estoy preocupado, pues sé que está a punto de convertirse en arena". ¿Cómo va a suceder eso? ¿Cuál era su secreto? Declarar gracia a la situación. Otra palabra para *gracia* es *favor*. Él estaba diciendo: "Sí, este obstáculo es grande, pero tengo el favor de Dios. El favor está enderezando mis lugares torcidos. El favor está derrotando a mis enemigos. El favor me ayudará a terminar este proyecto". Él no habló *sobre* su monte. Él le habló *a* su monte.

Cuando usted enfrente desafíos, no se desaliente. Declare favor sobre ellos. Mire su cuenta bancaria y declare favor. "Yo prestaré y no tomaré prestado. Lo que toque prosperará y tendrá éxito". Declare favor sobre su salud. "Esta enfermedad no es el fin. Este dolor no es permanente. El favor de Dios está produciendo sanidad". Declare favor sobre la situación legal: "Saldré victorioso. El favor de Dios evita que mis enemigos me derroten". No es suficiente solo con orar al respecto. No es suficiente solo con creer. Lo que convertirá el monte en granos de arena es declararle gracia.

Quiero hacer una declaración de favor sobre usted. Si permite que esto eche raíces en su espíritu, creo que cadenas que le han retenido van a ser rotas, y usted va a ser lanzado hacia un nuevo nivel de su destino. Declaro que en este momento el favor de Dios está sobre su vida de una manera nueva. Declaro favor sobre su familia, favor sobre su matrimonio, favor sobre sus finanzas. Declaro favor en el trabajo, favor con su jefe, favor con sus colegas, favor con sus clientes. Declaro que el favor está abriendo nuevas puertas de oportunidad, produciendo ascenso, aumento y abundancia, causando que las personas adecuadas sean atraídas a usted. Declaro favor sobre su salud, fuerza, energía, integridad. Es usted libre de enfermedad, dolor crónico, depresión y adicciones. Declaro favor sobre toda fortaleza que intente detenerlo, y declaro que el monte se convierte en arena. Al igual que Nehemías, el favor de Dios va a acelerarlo. Van a suceder cosas más pronto de lo que piensa. Declaro que el favor de Dios va a catapultarlo a un nuevo nivel. Usted tomará nuevos terrenos, establecerá nuevos estándares, y alcanzará la plenitud de su destino.

# CAPÍTULO 3

## Conexiones de favor

Cuando yo era adolescente, un oficial de policía me hizo detenerme a un lado por conducir demasiado rápido. Cuando leyó el nombre en mi licencia, me preguntó si tenía relación con el pastor al que veía en televisión cada semana, y yo le respondí que era mi papá. Me devolvió mi licencia, me dijo que redujera la velocidad y que me podía ir. Recibí favor debido a la persona con la que estaba conectado. No fue nada que yo hiciera, tan solo resultó que era el hijo de un hombre que tenía favor, y como tenía una relación con él, su favor me alcanzó también a mí.

La Escritura dice que Noé halló favor ante el Señor. Cuando un gran diluvio cubrió la tierra, la familia de Noé fue la única que se salvó. Nunca dice que sus hijos tenían favor o sus hijas tenían favor, pero como estaban conectados a Noé, sus vidas fueron salvadas. El principio es: cuando usted está conectado con personas que son favorecidas, personas que están más adelante en el camino, personas que son más exitosas, el favor fluirá hacia usted. Verá aumento y ascenso debido a esa asociación. Debería haber personas con las que tiene relación que le inspiran, le desafían, le hacen esforzarse para mejorar.

Cuando está conectado con alguien que es bendecido, usted lo honra, aprende de él o ella, siembra en esa persona, y mientras más bendecidos sean ellos, más bendecido va a ser usted. Finalmente, usted se parecerá a aquellos con quienes está conectado. La pregunta es: ¿está conectado con alguien que tiene lo que usted quiere, o está conectado con personas que son negativas, críticas, no pueden avanzar, le hacen ceder, y agotan su energía? Está bien ser una buena influencia. Está bien alentarlos. Pero si usted pasa todo su tiempo con ellos, el problema es que llegará a ser como ellos. Ellos le influirán.

Necesita desconectarse de personas que estén obstaculizando su crecimiento, limitando su potencial y causando que haga concesiones. Encuentre conexiones de favor, personas que van a lugares, que están en un nivel más elevado, personas que tienen lo que usted está soñando. Necesita algunas águilas en su vida. No puede estar con gallinas y pretender alcanzar su destino. No puede pasar todo su tiempo libre con cuervos, personas que se quejan, o con pavos, personas que han aceptado la mediocridad. Necesita personas que estén volando, personas que alcanzan nuevos territorios, personas que no tienen deudas, personas que piensan más grande que usted, personas que le expongan a niveles que usted nunca ha visto.

## No tenga una mentalidad de gallina

Hace varios años fui a una reunión con un amigo que dirige redes de televisión. Estaban negociando un contrato para programación. Él dijo: "Quiero ofrecer 80 millones de dólares". Yo casi me caigo de la silla. Pensé que era algo muy importante que nosotros hubiéramos gastado ochenta mil dólares en la compra de una pantalla para la iglesia. Ellos hablaban sobre esas cifras astronómicas como yo hablaba de comprar un par de tenis. Yo no lo entendía, pero Dios estaba ampliando mi visión; estaba usando a ese hombre para ampliar mis pensamientos. Tras la reunión, estuve a punto de decirle: "¡Vaya! Esas eran cifras increíblemente grandes", pero sentí algo en mi interior que me dijo: "Joel, cierra la boca".

Cuando Dios le ponga con un grupo de águilas, no tenga una mentalidad de gallina. No comience a hablar de que nunca ha visto nada como eso, que eso nunca podría sucederle a usted. Deje que eche raíces en su interior. Aspírelo. Acostúmbrese a ello. Es ahí donde Dios le está llevando, y por eso le está exponiendo a nuevos niveles, no solo para impresionarlo, no solo para mostrarle cómo vive la otra mitad, sino para que transforme sus pensamientos. Tiene que hacer espacio para las cosas nuevas que Dios tiene preparadas para usted. Si vive con una visión limitada y pensando: *Eso nunca podría suceder, está demasiado lejos*, entonces tiene razón. No va a suceder, porque nunca llegará donde no puede aceptarlo. Pero Dios le dio esa conexión de favor para darle una vislumbre del siguiente nivel, para mostrarle dónde va a llevarlo Él. Ahora haga su parte y pónganse de acuerdo con Dios.

Unos cinco años después de aquella reunión, adquirimos el anterior Compaq Center, y cuando supe que iba a costar unos 120 millones de dólares comprarlo y renovarlo, no me desanimé. No me sentí intimidado. Pensé: *Dios, tú lo hiciste por mi amigo. Puedes hacerlo por mí.* Pero si no hubiera estado conectado con ese hombre, si solo hubiera pasado tiempo con personas en mi mismo nivel, no habría estado aquí. Mi mente no habría estado preparada. Necesitamos personas que piensen más grande que nosotros, que sueñen más grande, que crean más grande. Si usted es el más inteligente en su grupo, su grupo es demasiado pequeño. Dios ya tiene preparadas esas conexiones de favor para usted, personas que están ordenadas para ayudarle a ir más lejos.

> *Necesitamos personas que piensen más grande que nosotros, que sueñen más grande, que crean más grande.*

## Conéctese con águilas

En la Escritura, Noemí y su nuera Rut eran viudas. Vivían en Belén, y eran muy pobres. Rut salía a los campos de cosecha cada mañana y recogía el trigo sobrante. Parecía que aquello era su destino, a duras penas podían sobrevivir juntas, pero Noemí vio a un hombre llamado Booz, que era el dueño de todos los campos, uno de los hombres más ricos en aquella zona. Ella no solo reconoció el favor sobre su vida, sino que también lo respetó. Le dijo a Rut: "Quiero que te vistas bien, te pongas perfume, y vayas a encontrarte con este hombre". Estaba diciendo en efecto: "Booz tiene favor. Necesitamos conectarnos con él". Rut no solo se encontró con Booz, sino que también se enamoró de él y finalmente se casaron, y como había conectado con alguien con favor, ella tuvo mucho más favor del que jamás había imaginado.

Cuando reconocemos el favor sobre la vida de una persona y respetamos ese favor al conectar con él o ella, al honrarla y aprender de él o ella, ese favor regresará a nosotros. Noemí podría haber pensado: *Ah, Booz, es muy rico y está ocupado. No va a querer tener nada que ver con nosotras.* Podría haberlo descartado y haberse quedado con las amigas con las que se sentía cómoda. Si lo hubiera hecho, hoy no estaríamos hablando de ella. Reconoció que Booz era un águila, y estuvo dispuesta a salir de su zona de comodidad. Sin duda, tuvo que romper con algunas gallinas, pasar menos tiempo con un par de pavos. Ella dio esos pasos de fe y se conectó con un águila. Eso fue lo que abrió nuevas puertas y llevó a Rut y a Noemí a un nuevo nivel.

¿Está usted pasando por alto conexiones de favor que Dios ha puesto en su vida, personas que tienen lo que usted quiere y que están más adelante en el camino? No sea intimidado por su éxito; sea inspirado. Dios los puso ahí para que usted pudiera conectar. Su favor estará con usted si los honra y aprende de ellos. Alguien con más favor, más influencia y más visión, como sucedió con Booz, puede beneficiarle. Verá nuevas puertas abiertas, influencia en mayores medidas, promoción que usted no podría haber alcanzado por sí mismo. Llegará debido a una conexión de favor.

Lo que usted siembre, eso cosechará. Si siembra en conexiones de preocupación, en personas que siempre están inquietas, ansiosas y preocupadas, cosechará preocupación. Si siembra en conexiones de concesiones, en personas que le arrastran hacia abajo y le hacen ceder a la tentación, cosechará concesiones. Si siembra en conexiones de chismorreo, de críticas, en personas que hablan mal del jefe y se quejan de la vida, cosechará una vida negativa, limitada y desalentadora. No obstante, si siembra en conexiones de favor, en águilas, en personas que son bendecidas, exitosas y felices, eso es lo que cosechará. Si siembra en personas que han estado donde usted quiere ir, que no tienen deudas, que construyen orfanatos, que ayudan a pagar las casas de otras personas y a ampliar sus negocios, entonces cosechará favor, aumento y nuevos niveles.

> *Si siembra en conexiones de favor, en águilas, en personas que son bendecidas, exitosas y felices, eso es lo que cosechará.*

Todos tenemos nuestros amigos, tenemos colegas. Es de esperar que tengamos personas a las que ayudamos, personas de las que somos mentores. Eso es importante, pero deberíamos tener algunas de estas conexiones de favor, personas que van por delante de nosotros. En lo natural, parece como si nunca pudiéramos llegar hasta ahí. Esa conexión es la semilla que Dios va a utilizar para llevarle donde usted nunca soñó.

## Siembre honor, respeto y aliento

Un pastor amigo mío aquí en Houston tenía una iglesia de varios cientos de personas. La comenzó hace quince años, y había estado en esa misma cifra por años. Parecía como si hubieran llegado a su límite y eso fuera lo que tendrían siempre. Pero vio a un pastor en California que tenía una iglesia grande, y quedó tan impresionado por eso que voló hasta allí tan solo para asistir a uno de los servicios. Se sentó en el auditorio, miró a su alrededor y lo asimiló todo. Fue muy inspirador. Él nunca había visto nada tan grande. Tras el servicio pudo conocer al pastor. Le dio un pequeño donativo que su iglesia había recogido para ese ministerio. Entonces comenzó a volar hasta California cada mes solamente para asistir a un servicio y hacer un donativo. Él tenía muchos pastores amigos aquí en Houston. Tenía buenos miembros en su iglesia y también una familia estupenda, pero entendía que para llegar a un nuevo nivel hay que tener algunas conexiones de favor.

Necesitamos sembrar tiempo, energía, recursos y honra en personas que tienen lo que nosotros queremos. La unción que usted respete es la unción que atraerá, y este pastor sembró en una visión mucho más grande que la suya. Podría haber estado celoso del otro pastor, intimidado, haber sido competitivo, pero en cambio celebró lo que el ministro estaba haciendo y lo animó. No pasó mucho tiempo antes de que su iglesia comenzara a crecer. Pasó de 300 a 500 miembros, de 500 a 1000, de 1000 a varios miles. Ahora su iglesia es más grande que la iglesia en California. Él sobrepasó a aquel hombre. No creo que habría sucedido si él no hubiera sembrado en su ministerio, y no me refiero solamente a finanzas. Sembró honor, respeto y aliento; valoró y estimó lo que ese hombre había construido.

Cuando vemos a personas que son más exitosas, más talentosas y más bendecidas que nosotros, es fácil ponerse celoso, intentar competir, desacreditarlas, hablar de lo que están haciendo mal y que no son tan talentosas. "Simplemente tienen suerte". Aquí está una clave: si no podemos celebrar el éxito de otras personas, nunca llegaremos hasta donde ellas están. Si nos ponemos celosos e intentamos superarlas, si nos sentimos intimidados por ellos, nos quedaremos atascados. Es una prueba. Dios trae a nuestro camino estas conexiones de favor. ¿Está usted lo suficientemente seguro en quién es para honrarlos, para respetarlos, para animarlos, o evitará su orgullo que conecte con el favor que ellos tienen?

> *Dios trae a nuestro camino estas conexiones de favor.*

El problema es que nuestro destino está vinculado a ciertas personas. Cuando conectamos con el favor que hay sobre su vida, eso va a hacer que nos elevemos más alto. Pero si no queremos humillarnos, si pensamos: *Yo soy tan inteligente como ellos. No voy a celebrarlos. Ellos deberían celebrarme a mí,* eso limitará nuestro crecimiento.

Aquello con lo que estemos conectados regresará a nosotros. No sea mezquino, pensando que usted es el más inteligente en su círculo. Si solamente siembra en su mismo nivel, entonces su nivel es lo único que regresará. Necesita sembrar allí donde quiere estar. Tráguese su orgullo y siembre honra en ese supervisor en el trabajo; siembre respeto en ese colega que es realmente talentoso. Esas personas no están en su vida por accidente. Dios los puso ahí como una conexión de favor. Al conectar con ellos, se abrirán nuevas puertas para usted. Llegarán nuevos talentos, nuevos niveles. Ellos son fundamentales para que usted alcance la plenitud de su destino. Pero demasiadas veces, cuando vemos a alguien que está más adelante, alguien que es más bendecido, en lugar de ser inspirados nos desalentamos pensando: *Yo nunca podría llegar hasta ahí.* Dios no los habría puesto en nuestro camino si no estuviera a punto de llevarnos más alto. El favor que hay sobre su vida es una indicación de lo que Dios está a punto de hacer en la nuestra.

## El favor descenderá sobre usted

En la Escritura, cuando derramaron aceite sobre la cabeza de Aarón, el sumo sacerdote, descendía hacia el resto de su cuerpo. Esto es simbólico. El aceite representa favor, y cuando estamos conectados con personas con favor, mientras más bendecidos sean ellos, más bendecidos seremos nosotros. Ese aceite descenderá hacia nosotros, y cuando entendemos esto es fácil celebrar a quienes van por delante. Sabemos eso porque los estamos honrando y sembrando en ellos; a medida que ellos asciendan, nosotros nos elevaremos más alto porque estamos conectados. Ese favor va a descender sobre nosotros y, como sucedió con este pastor, habrá momentos en que sobrepasemos a aquellos a quienes estamos honrando. Superamos a quienes celebramos.

Cuando comencé a ministrar por primera vez, estaba muy nervioso e inseguro de mí mismo. No tenía la formación ni la experiencia, pero había varios ministros muy destacados a quienes conocía de mis años de juventud. Escuchaba sus mensajes una y otra vez; les enviaba notas diciéndoles cuánto me habían ayudado y lo mucho que los admiraba y respetaba. Un hombre en particular era una leyenda para mí. Estaba muy por delante de mí, y me asombraba lo que él había logrado y cuán respetado era. Veía todo esto con humildad, pero ahora, casi veinte años después, Dios me ha llevado más lejos que a él.

¿Qué estoy diciendo? Cuando usted celebra a quienes van por delante, cuando muestra honor y respeto, entonces parte del favor que hay sobre ellos va a regresar a usted. Levantará la mirada y pensará: *¿Cómo llegué aquí?* Parte de ello es la conexión de favor. Conectó con alguien que estaba donde usted quería ir. Por eso no tiene que competir con la gente. No tiene que intentar superarlos. No está en una competición con nadie excepto consigo mismo. Deje

que el lugar donde esa persona está
le inspire a ser lo mejor que pueda
ser. Como el hierro afila el hierro,
esas personas pueden afilarle a usted.
Pueden hacerle mejorar.

> *Como el hierro afila el hierro, esas personas pueden afilarle a usted. Pueden hacerle mejorar.*

Pero cuando comenzamos a competir, poco después nos ponemos celosos, encontramos fallos e intentamos desacreditar a otros. Esta es una clave: derribar a otra persona nunca hará que usted ascienda. Intentar hacer que se vean mal, difundir rumores y agrandar sus fallos puede dar una buena sensación, pero será como un bumerang que regresará otra vez a nosotros. Si siembra falta de respeto, cosechará falta de respeto. Si siembra difundir rumores y causar problemas, eso es lo que cosechará. Un enfoque mucho mejor es celebrar a quienes están por delante. ¿Cómo sabemos que esa persona no es una conexión de favor, alguien a quien Dios trajo a nuestra vida para que pudiéramos ascender más alto? Si es usted celoso y competitivo, está permitiendo que lo que Dios quiso para su bien se convierta en algo que le retiene. Cambie eso. Seamos personas que celebran el éxito, que aprenden de quienes van por delante, que honran a las personas que son bendecidas con más influencia.

## Favor vertical

En la Escritura, Elías fue un gran profeta que hizo milagros asombrosos. Un día iba caminando por un campo donde vio a un joven llamado Eliseo que estaba arando. Le dijo a Eliseo que dejara allí su yunta de bueyes y fuera con él, pero Eliseo provenía de una familia acomodada. Estoy seguro de que tenía metas y sueños. Elías quería que se convirtiera en su ayudante, lo cual significaba básicamente que se ocupara de él, le llevara comida, preparara su tienda, y alimentara sus animales. Eliseo podría haber pensado: *No, gracias. Me quedaré aquí en mi propia casa.* Podría haber sido demasiado orgulloso, pero reconoció el favor que había sobre la vida de Elías. Respetó su unción. No se puso celoso ni se amargó cuando Elías le ofreció lo que parecía ser una posición de bajo nivel.

Por años, Eliseo sirvió a Elías con honor, cuidando de él y asegurándose de que estuviera cómodo. Cuando usted siembra en alguien con gran favor, cosechará parte de ese favor. Cuando honra a alguien que tiene más influencia, parte de esa influencia regresará a usted. Estoy seguro de que los amigos de Eliseo se acercaron y dijeron: "Eliseo, ¿qué estás haciendo aquí, sirviendo a este anciano? Tú tienes tus propios sueños. ¿Por qué no comienzas tu propio ministerio? Él te está reteniendo". Él podría haber permitido que lo convencieran para abandonar su posición, que lo convencieran de que estaba desperdiciando su tiempo, pero siguió sembrando, honrando y respetando la conexión de favor.

Finalmente, cuando Elías fue llevado al cielo en un torbellino, Eliseo recibió una doble porción de la unción de Elías. No solo obtuvo el favor que había sobre la vida de Elías; obtuvo el doble de favor. Recuerde que con algunas de estas conexiones de favor en las que está sembrando, dando, sirviendo y honrando, llegará su momento. Igual que con Eliseo, usted no llegará al nivel donde esa persona está; irá más adelante y tendrá el doble de influencia, el doble de favor, el doble de los recursos.

Por eso el enemigo trabaja horas extra para intentar que estemos celosos unos de otros, compitiendo e intentando derribarnos unos a otros; él quiere que nos quedemos atascados donde estamos. Es muy liberador cuando podemos celebrar a quienes van por delante, sabiendo que las semillas que sembramos en ellos (el honor, el respeto, los recursos) regresarán a nosotros. Pero si usted solamente siembra en relaciones horizontales, en personas que están en su mismo nivel, entonces verá favor horizontal. Cuando tiene la seguridad suficiente en quién es usted para sembrar en relaciones verticales, en personas que están por delante de usted, cosechará parte de este favor vertical.

> *Cuando tiene la seguridad suficiente en quién es usted para sembrar en relaciones verticales, en personas que están por delante de usted, cosechará parte de este favor vertical.*

## Reconozca sus conexiones de favor

Muchos pastores siembran en nuestro ministerio; nos apoyan fielmente y asisten a nuestros eventos. Me dicen una y otra vez que cuando conectaron con nosotros, su iglesia comenzó a crecer en nuevos aspectos. Un pastor me contó que su iglesia ha pasado de tener 200 personas a tener más de 6000 personas. Me contó: "Joel, no puedo señalar el momento exacto cuando comenzó. Fue cuando conectamos con usted en su Night of Hope (Noche de esperanza) en nuestra ciudad".

No estoy presumiendo. Este es un principio espiritual. Dios tiene personas en nuestra vida que son conexiones de favor. Usted podría estar a una relación de distancia de llegar a un nuevo nivel. Mire alrededor, encuentre las personas a las que Dios está bendiciendo y conecte con ellas. No se sienta intimidado o celoso. Si honra, respeta y siembra en esas personas, el favor regresará a usted.

Conozco a un hombre que tenía el sueño de estar en el negocio de la hospitalidad. Quería ser dueño de hoteles. Cuando tenía dieciocho años conoció a un caballero de mayor edad que era el dueño de la cadena hotelera más grande del mundo. Convenció a ese hombre de que le diera un empleo trabajando como botones en uno de sus hoteles. Cada vez que este joven veía al dueño, hacía todo lo posible por ocuparse de él, le abría la puerta y llevaba su cartera, y constantemente sembraba, honraba y respetaba. El dueño amaba a ese joven y no dejaba de darle ascensos. Cuando tenía unos treinta años, se fue para comenzar su propio negocio. Había un terreno muy caro que miraba al océano y donde este dueño planeaba construir un gran hotel. Este joven acudió al dueño y le preguntó si podía comprarle esa propiedad. Era la mejor ubicación donde estaban planeando este gran proyecto, y les había tomado diez años adquirirlo. El dueño le dijo: "Nunca soñé que haría esto, pero has sido tan bueno conmigo que quiero que tengas éxito. Voy a venderte esta propiedad". Este joven construyó un hermoso hotel que es increíblemente exitoso. Actualmente tiene hoteles por todo el mundo, y todo comenzó cuando reconoció una conexión de favor.

Hay personas que Dios ha puesto en nuestra vida no para competir con ellas sino para conectar con ellas. Serán fundamentales para que lleguemos más alto, y no se trata de jugar con la gente intentando ganarnos su favor. Se trata de reconocer y respetar el favor que Dios ha puesto en las personas.

> *Hay personas que Dios ha puesto en nuestra vida no para competir con ellas sino para conectar con ellas.*

## Su barca va a estar llena

En Lucas 5, Jesús tomó prestada la barca de Pedro para así poder enseñar a una gran multitud de personas que se habían reunido en la orilla. Cuando terminó, le dijo a Pedro que saliera a lo más hondo y que conseguiría una gran cantidad de peces. Pedro había estado pescando toda la noche y no había conseguido nada, pero regresó a las aguas y volvió a intentarlo, y sacó tantos peces que sus redes comenzaban a romperse. Pedro gritó pidiendo ayuda, y sus compañeros acudieron. Poco después, ambas barcas estaban tan llenas de pescado que les preocupaba que pudieran hundirse. Pedro fue bendecido porque obedeció; tenía favor. Pero notemos que el favor no se detuvo con él. Él sacó tantos peces que sus compañeros, quienes estaban conectados con él, recibieron la abundancia. Cuando usted conecta con alguien que está bendecido, alguien que está favorecido, a medida que esa persona aumente, también usted aumentará. Los compañeros de Pedro no habían hecho nada para merecer la pesca. Pedro fue el único que prestó la barca a Jesús. Dios podría haber enviado peces suficientes para llenar la barca de Pedro y asegurarse de que Pedro recibiera su recompensa, pero Dios bendijo a Pedro a propósito de tal modo que hubiera una abundancia para que todos los que colaboraban, todos los que estaban conectados, vieran también abundancia y favor.

Con quién esté conectado es extremadamente importante. Hay bendiciones que le pertenecen y que están vinculadas a las personas que Dios ha puesto en su vida, y si no está viendo ninguna pesca, necesita evaluar con quién está conectado. Tal vez necesite desconectarse de relaciones que no están produciendo ningún aumento y conectarse con personas que son bendecidas, personas que están experimentando favor. La barca de Pedro no fue la única llena de peces, sino que la barca de su compañero también fue llena de peces.

Usted llegará a ser como la persona con quien esté conectado. ¿Está conectado con alguien que tiene lo que usted quiere, con personas que son más bendecidas, personas que son más exitosas? Mire alrededor y encuentre las conexiones de favor en su vida. No se sienta intimidado porque ellos estén más adelante en el camino; no sea celoso porque ellos tienen más. Celébrelos, hónrelos y siembre en ellos. Si hace eso, yo creo y declaro que como está conectado al favor, como sucedió con los amigos de Pedro, su barca va a estar llena. Verá usted aumento, ascenso y nuevos niveles. ¡Vienen a su encuentro!

# CAPÍTULO 4

# *Favor distintivo*

El favor que Dios pone sobre su vida hace que usted sea diferente. Es un favor que hace una distinción entre usted y aquellos que no honran a Dios. Las Escrituras hablan de que usted ha sido apartado, escogido. Algunas traducciones más antiguas dicen que usted es parte de "un pueblo peculiar". Yo creo que es más adecuado decir "un pueblo diferente". Usted no es común y corriente; no es como todos los demás. Usted ha sido marcado con un distintivo. Números 6 dice que el rostro de Dios resplandecerá sobre usted y le hará sobresalir.

Este favor distintivo hace que usted prospere cuando otros están teniendo dificultades. Hace que usted se recupere de una dificultad cuando otros están atascados en ella. Hace que usted tenga protección cuando otros enfrentan calamidades. Hace que haya una clara diferencia, y usted tiene ventaja. Usted no vive la vida por sí mismo, simplemente apoyándose en su propia fuerza, talento y conexiones. Hay una fuerza que sopla a sus espaldas guiándole, protegiéndole y dándole favor. El Dios Altísimo le ha seleccionado y apartado. Él podría haber escogido a cualquiera, pero le escogió a usted, le llamó, y dijo: "Este es uno de los míos". En este momento, su rostro está resplandeciendo sobre usted. No vaya por la vida pensando que es mediocre, y que nunca podrá cumplir sus sueños. Enderece sus hombros y levante su cabeza. Usted es parte del grupo de los llamados.

Dios ha preparado para usted una vida de favor característico. Eso significa que Él ha preparado para usted bendiciones por las que no trabajó, y promoción que usted no merecía. Las Escrituras hablan de casas que usted no construyó, y viñedos que usted no plantó. Lo importante no es quién es usted; lo importante es de quién es usted. Usted ha sido marcado con favor. Cuando entienda esto, sus oraciones serán más valientes, sus sueños serán más grandes, y esperará que le pasen cosas que puede que no le sucedan a otros. Cuando los demás estén atemorizados, tristes y preocupados, usted tendrá paz, sabiendo que ha sido escogido y que hay un vallado a su alrededor que el enemigo no puede cruzar; que tiene favor distintivo.

> *Lo importante no es quién es usted; lo importante es de quién es usted.*

## Un vallado de protección

Cuando los israelitas eran esclavos, Dios le dijo a Moisés que fuera y le dijera al faraón que dejara ir a su pueblo. Pero el faraón no escuchó. Se negaba. Dios mandó una plaga tras otra sobre el faraón y su pueblo, y su suministro de agua se transformó en sangre, millones de moscas hicieron que su vida fuera insoportable, y enjambres de langostas se comieron sus cosechas y destruyeron su tierra. Lo interesante es que los israelitas, que eran unos dos millones de personas y vivían al lado de ellos, nunca se vieron afectados por estas plagas. Hubo un momento en el que había una plaga de ranas. Allá donde mirase el pueblo de faraón, había ranas: en sus casas, en su comida, en sus camas... Estaban muy frustrados. En el lado israelita no había ranas. La vida continuaba como de costumbre, pero el faraón aun así no cambiaba de opinión.

Cuando Dios estaba a punto de enviar enjambres de moscas a las casas de los egipcios, le dijo al faraón que trataría de forma diferente la tierra en la que vivía el pueblo de Dios. Allí no habría enjambres de moscas, y haría una distinción entre el faraón y el pueblo de Dios. Miles y miles de moscas entraron al palacio del faraón y a las casas de los egipcios. Había tantas moscas que la gente no podía ver, ni comer ni dormir. Las moscas arruinaron su tierra. Pero justo al lado, donde vivía los israelitas, no había ninguna mosca. Me imagino a los israelitas diciéndoles a sus vecinos: "Le presto mi matamoscas, aquí no lo necesitamos". En lo natural no tenía sentido. Era la mano de Dios poniendo un distintivo sobre su pueblo.

Dios ha puesto sobre usted el mismo distintivo. Cuando Él sopló vida en usted, le marcó con su favor, con su bendición, y con el propósito de que usted destaque. Lo que derrotará a otros no podrá derrotarlo a usted. Por eso no tiene que vivir preocupado: preocupado por su seguridad, preocupado por su futuro, preocupado por sus hijos a pesar de que hay tantas cosas negativas en el mundo, como el crimen y la violencia. Puede que eso esté sucediendo a su alrededor, pero usted tiene ventaja. Dios ha puesto un distintivo sobre usted. El

> *Lo que derrotará a otros no podrá derrotarlo a usted.*

salmista dijo que miles podrían caer a su lado, o decenas de miles a su derecha, pero eso no le afectaría. Dios ha puesto un vallado de protección alrededor de usted y de su familia, y para que el enemigo llegue hasta usted debe pedirle permiso a Dios.

No estoy diciendo que nunca sucederán cosas negativas. Esa no es la realidad. Lo que digo es que usted está protegido por Aquel que lo controla todo. Si Dios permite que suceda, Él ha prometido que de alguna forma le dará la vuelta y lo usará para su bien.

## Marcados para ser distintos

El faraón no dejó ir a los israelitas aún después de la plaga de las moscas. Entonces Moisés le dijo que habría una plaga sobre todo su ganado, sus caballos, camellos, cabras y ovejas. Pero de nuevo, la Escritura dice que Dios puso una distinción sobre el ganado de los israelitas para que ninguno de ellos muriera. Fíjese que esta distinción está incluso sobre sus propiedades: su casa, su vehículo y sus pertenencias. Al día siguiente, tal como Dios dijo, todos los animales de sus opresores murieron, pero de los israelitas no murió ni uno.

Estoy seguro de que algunos del pueblo del faraón pensaron: *Ya es suficiente. Me paso al lado de los israelitas. Estas ranas, moscas y langostas hacen que mi vida sea miserable.* Se mudaron a la tierra de los israelitas y levantaron casas temporales... pero a todos los lugares donde iban, las plagas los seguían. No era el lugar lo que mantenía a salvo a los israelitas de las plagas, sino lo que estaba sobre ellos: la distinción, el favor y la bendición de ser hijos del Dios altísimo.

Usted y yo tenemos esa misma bendición. Puede que tengamos cosas a nuestro alrededor que podrían hacernos daño, alejarnos de nuestros sueños y derrotarnos. Mantenga la fe. Hay una distinción sobre su vida, sobre sus propiedades, sobre sus hijos, sobre su carrera y sobre su salud que ha sido puesta por el Creador del universo.

Cuando yo era pequeño, un amigo nuestro era un exitoso hombre de negocios que tenía cientos de hectáreas de naranjos. Un día de invierno se predijo que habría una gran helada, lo cual no era habitual en esa parte del país. Casi nunca helaba allí. Él sabía que esa helada destruiría todas sus cosechas y le haría perder miles de dólares. En lo natural, no había nada que él pudiera hacer. Eso era lo que las circunstancias decían. Pero él entendió este principio de que Dios había puesto una distinción sobre su propiedad, y que Dios tenía un vallado alrededor de su negocio. En lugar de estar derrotado, y pensar: *¡Genial! Qué mala suerte he tenido este año,* salió y se paseó en medio de todos sus naranjos dándole gracias a Dios porque sus árboles vivirían, dándole gracias porque no se congelarían y tendría una cosecha ese año. Cuando los agricultores que vivían a su alrededor escucharon acerca de lo que había hecho, que había orado por sus árboles, pensaron que era muy raro; un excéntrico. Se burlaron de él y lo ridiculizaron.

Al día siguiente llegó la gran helada y duró un poco más de veinticuatro horas. Los otros agricultores estaban muy desanimados, intentando averiguar cómo se ganarían la vida sin una cosecha ese año. Pero un par de semanas más tarde, había un cuadro de lo más inusual. La propiedad de nuestro amigo, que era de cientos y cientos de hectáreas, tenía unos naranjos preciosos y completamente saludables. Los árboles en las propiedades contiguas a la suya, en los cuatro lados, estaban completamente muertos. Era como si alguien hubiera puesto una manta sobre la propiedad de nuestro amigo. Los otros granjeros estaban tan sorprendidos que, en lugar de burlarse de él, le preguntaron: "La próxima vez, ¿podría orar por nuestras cosechas también?".

Sé que algunos pensarán: *Joel, eso es simplemente un golpe de suerte. Seguramente eso se debe a la forma en la que las nubes se juntaron ese día, o simplemente la forma en que sopló el viento.* No, eso fue la mano de Dios poniendo un distintivo sobre su propiedad. Fue el rostro de Dios resplandeciendo sobre él, y Dios ha puesto esta misma distinción sobre usted. No intente convencerse de lo contrario. "Bueno, el negocio no va bien. Un par de mis compañeros han sido despedidos. No veo cómo salir de la deuda". Su trabajo no es su fuente de provisión; Dios es su fuente de provisión. La economía no determina si usted es o no bendecido; Dios lo hace. Él ya le ha marcado con su favor y Él ya ha puesto su distintivo sobre su vida. Atrévase a hacer oraciones valientes y crea que recibirá favor inusual. No limite a Dios. Usted ha sido escogido y apartado.

## Un suministro que nunca se acaba

Una mujer me contó que estaba teniendo el mejor año de su carrera. Trabaja como vendedora, y la industria en la que labora, en general, estaba en declive. Estaban pasando por una transición. Sus compañeros estaban teniendo dificultades, y a sus competidores tampoco les estaba yendo muy bien. Pero ella dijo: "Parece como si cada vez que me doy la vuelta, una nueva cuenta me encuentra". Me contó que en tres o cuatro ocasiones había estado en el lugar correcto en el momento adecuado. De forma inesperada, los negocios caían en sus manos. Ella me dijo: "Joel, se supone que yo debo ir y buscar nuevos clientes, pero es como si los nuevos clientes me encontraran a mí". El Salmo 37 dice que en tiempos difíciles serán prosperados; en épocas de hambre tendrán abundancia. Incluso en un tiempo de escasez, como ella es honrada y tiene esta distinción, está viendo el aumento y el favor.

Aquí está la clave: mientras usted se mantenga cerca de Dios y lo mantenga a Él en el primer lugar, está conectado a un suministro que nunca se acaba. Incluso en una economía lenta, Dios hará que los clientes le encuentren. Incluso cuando el reporte médico diga que no hay manera, usted está conectado a un suministro que tiene abundancia de salud, bienestar y restauración. Cuando no vea cómo puede cumplir sus sueños, no se desanime. Usted está conectado a un suministro en el que no faltan buenas oportunidades, las personas correctas, ideas y creatividad.

Tengo unos amigos que viven en otro estado y estaban intentando vender su casa, pero el mercado inmobiliario en su zona había decaído. Una gran empresa cercana había quebrado, y muchos de sus vecinos trabajaban ahí. Ahora había un exceso de casas en el mercado. Solo en su calle se vendían doce casas. El tiempo estimado para que una casa se vendiera en ese entonces era de un año y medio. Su agente inmobiliario ya les había dicho: "No tengan prisa. Este será un proceso largo y el valor de su casa podría bajar mucho". En lo natural, no tenía buena pinta. Pero en lugar de esperar lo peor y pensar que su casa nunca se vendería, esta joven pareja tuvo la valentía suficiente para creer que Dios había puesto un distintivo sobre su propiedad como hizo con los israelitas. Cada mañana, ellos decían: "Padre, gracias porque estás haciendo que nuestra casa destaque. Gracias porque las personas están siendo atraídas hacia ella". Seis semanas después de poner su casa a la venta, firmaron un contrato y la vendieron. Cuando estaban firmando el contrato, hablaron con los nuevos dueños, los cuales dijeron que habían mirado muchas propiedades diferentes, incluso casas que tenían un mejor valor y estaban en un mejor lugar. Pero dijeron: "Cuando llegamos a su casa, simplemente había algo diferente en ella. Sentimos paz. Sabíamos que debía ser nuestra".

¿Qué es eso? Favor distintivo, donde Dios hace que algo destaque. Me pregunto qué pasaría si usted se levantara cada día diciendo: "Padre, gracias porque tu rostro resplandece sobre mí. Gracias porque has puesto un distintivo sobre mi vida". Puede que las circunstancias digan lo contrario. "Nunca se pondrá bien. Nunca conocerá a la persona adecuada. Su casa nunca se venderá". No se crea esas mentiras. Debe tener la misma valentía que tuvo esta joven pareja al creer que hay algo diferente en usted, que tiene el derecho de ser bendecido, y que verá el favor de Dios. Y no me refiero a que sea arrogante, sino a que en humildad sepa que usted ha sido escogido y apartado por quién es: un hijo o hija del Dios altísimo. Él le ha dado una clase de favor que hace que usted destaque. Así como con los israelitas, Dios ha puesto un distintivo sobre su vida, sobre sus propiedades y sobre su carrera. Usted tiene ventaja. Si consigue asimilar esto en su espíritu, comenzará a hacer estas oraciones valientes y a creer cosas que parecen imposibles.

> *Así como con los israelitas, Dios ha puesto un distintivo sobre su vida.*

## Siga elevándose cada vez más alto

Esto es lo que hizo mi papá. Él intentó durante muchos años construir un nuevo santuario para la iglesia, pero cada vez que intentaba avanzar sentía intranquilidad, sabiendo que no era el momento adecuado. En 1986, Houston estaba en una de las recesiones más profundas que nuestra ciudad había visto jamás. Los negocios iban cayendo en bancarrota uno detrás de otro. La gente estaba pasando por dificultades. Mi papá acababa de salir del hospital después de haber sido sometido a una cirugía a corazón abierto. Faltaban tan solo unas semanas para la Navidad y parecía el peor momento para comenzar cualquier proyecto, especialmente para intentar recaudar fondos. En lo profundo de su ser podía oír a Dios diciéndole que lo hiciera en ese momento. Pero pensó: *Dios, eso no tiene sentido. Ahora las cosas están difíciles. Las personas no tienen ingresos extra. ¿Cómo podemos recaudar estos fondos?* Él escuchó a Dios susurrar: "Hijo, quiero que lo hagas ahora para que la gente sepa que he sido yo y nadie más".

A Dios le gusta hacer cosas inusuales en nuestra vida para que otros sean atraídos a Él. Un año y medio después presentaron un nuevo auditorio de seis millones de dólares completamente libre de deudas. Incluso en una economía decaída, incluso cuando los críticos decían que no había manera y las circunstancias decían que no sucedería, Dios dijo: "No se preocupen. Puede que eso sea así en lo natural, pero yo soy un Dios sobrenatural. Yo he puesto sobre ustedes una distinción que hará que superen los obstáculos y que tengan suficiente incluso en los tiempos de escasez".

En las Escrituras, José pasó por muchas rachas difíciles. Fue traicionado por sus hermanos, vendido como esclavo y metido en prisión por algo que no había hecho. Se podría decir que durante trece años estuvo en un tiempo de escasez. Podría haber estado amargado y negativo, diciendo: "Dios, ¿por qué permitiste que esto me sucediera?". Sin embargo, José entendía este principio. A pesar de la oposición, él siguió siendo la mejor versión de sí mismo. Sin importar lo mucho que la gente intentara derribarlo, él seguía subiendo hacia lo más alto. Trabajaba para un hombre llamado Potifar. José era tan excelente en todo lo que hacía, y tenía una actitud tan buena, que Potifar lo puso a cargo de su casa. Las Escrituras dicen que Potifar se dio cuenta de que el Señor estaba con José, haciendo que tuviera éxito en todo lo que hacía. Potifar vio la distinción.

Dios quiere bendecirle de manera que la gente se dé cuenta. Él quiere mostrarse en su vida para que la gente diga: "¿Quiere decir que vendió su casa en seis semanas cuando debió haberle tomado un año y medio? ¿Quiere decir que todos los naranjos se congelaron, pero los suyos no? ¿Quiere decir que construyó el santuario en mitad de una recesión? Joel, ¿quiere decir que su mamá tenía cáncer terminal en 1981, pero sigue viva hoy? ¿Quiere decir que tiene la iglesia en el antiguo estadio Compaq Center?".

Eso es lo que el favor distintivo hace. Hace que usted destaque. Puede que haya visto algo de esto antes en el pasado, pero debe prepararse. Aún no ha visto nada. Dios está a punto de hacer cosas en su vida que harán que usted llame la atención de la gente. Los demás se darán cuenta de que no fue solamente su talento, su habilidad, o sus conexiones. Fue la mano de Dios abriendo puertas que ningún hombre puede abrir, llevándole a lugares donde usted no podría haber ido por sí mismo.

Las Escrituras dicen que Dios comenzó a bendecir a Potifar gracias a José. Gracias al distintivo sobre la vida de José, la gente a su alrededor comenzó a ser bendecida. Su compañía debería estar contenta de tenerlo a usted trabajando con ellos. Cuando usted llega, las bendiciones llegarán. Cuando usted llega, llegará también el favor. Algunos de sus amigos, familiares y compañeros de trabajo ni siquiera saben que están siendo bendecidos gracias a usted.

> *Gracias al distintivo sobre la vida de José, la gente a su alrededor comenzó a ser bendecida.*

Lo interesante es que José era un esclavo. No tenía una posición de prestigio. Se ocupaba de cuidar la casa, hacer reparaciones, cortar el césped y limpiar. Por el contrario, Potifar era uno de los oficiales militares más importantes de la época. La gente lo admiraba, saludaba y hacía cualquier cosa que él ordenara. Lo más lógico sería pensar que José sería bendecido gracias a Potifar, pero la situación era justo la opuesta.

¿Qué estoy diciendo? El distintivo que Dios puso sobre usted es más poderoso que las posiciones, los títulos y la educación. Cuando el rostro de Dios resplandece sobre usted, no solo subirá más alto, sino que eso será tan poderoso que incluso las personas a su alrededor comenzarán a ser bendecidas.

Conozco a un hombre que hacía trabajo de consultoría con

nosotros hace años atrás. Nosotros éramos un cliente pequeño comparado con la mayoría de sus clientes. Él hacía consultoría para las compañías grandes de Fortune 500 y tenía un currículum impresionante. Nos fuimos conociendo y salimos a almorzar un par de veces. Después de aproximadamente un año, él me expresó: "Joel, desde que he empezado a trabajar para su ministerio, mi negocio ha ido a un nuevo nivel". Y comenzó a darme una lista de clientes nuevos con los que ahora trabajaba; nombres grandes e impresionantes. Se giró y se dirigió al socio que estaba sentado junto a nosotros y dijo: "Me gusta trabajar para Joel. Me trae buena suerte". Él lo llamaba "suerte", pero yo sé que es el distintivo que Dios pone sobre nuestra vida. Es el favor que Él ha puesto sobre usted y sobre mí.

## Su ubicación no determina la bendición

En las Escrituras, cuando Abraham se mudó a un nuevo país con su familia, su sobrino Lot, y todos sus rebaños y manadas de ganado, encontró una tierra preciosa, con frondosos pastos verdes y lagos tranquilos. Parecía una postal. Pero después de un par de meses se dio cuenta de que esa tierra no podía mantener a todos los rebaños y manadas. Le dijo a Lot que escogiera dónde quería vivir con sus rebaños y Abraham tomaría los suyos y se iría a otro lugar. Lot dijo que quería quedarse allí mismo, en la mejor parte de la tierra. En lugar de discutir, Abraham no dijo nada y se mudó a otra parte del país. Pero esta vez, lo único que pudo encontrar fue tierra seca y estéril. En lugar de frondosos pastos verdes, parecía más bien un desierto, con piedras, arena y poca agua.

En lo natural, Abraham debió haber tenido dificultades. Debería haber visto cómo sus cosechas se secaban y sus negocios se reducían a nada. Pero fue justo lo contrario. Apenas pasó el tiempo antes de que sus rebaños y manadas se multiplicaran y aquella tierra seca y estéril se convirtiera en un precioso oasis. De hecho, las Escrituras hablan de que Abraham tenía tanto que se convirtió en uno de los hombres más ricos de ese tiempo.

Así como sucedió con Abraham, incluso si usted está en el desierto, gracias a la distinción que Dios puso sobre usted, aun así florecerá. Su ubicación no determina la bendición. Lo que Dios puso sobre usted es lo que determina esa bendición. Cuando Él lo llamó, lo marcó a usted para tener favor. Dondequiera que usted vaya, allí va la bendición. Puede que no tenga el trabajo perfecto, puede que la gente no le trate bien y puede que no esté recibiendo el reconocimiento que merece. No pasa nada, porque usted no está trabajando para las personas, sino para Dios. Las personas no determinan su destino; Dios lo determina. Siga siendo la mejor versión de sí mismo, honrando a Dios, y como sucedió con José, Dios hará que usted llame la atención. Él hará que usted destaque. Potifar vendrá a buscarlo. En el momento adecuado, Dios le dará la vuelta a su situación dándole un ascenso o le moverá a otro lugar.

> *Dondequiera que usted vaya, allí va la bendición.*

Pero la clave es no pensar que puede esperar hasta estar fuera del desierto para tener una buena actitud; que entonces comenzará a ser la mejor versión de sí mismo. Hay algo sobre usted ahora mismo que hará que prospere en medio del desierto. Lot no estaba tomando buenas decisiones. Él no estaba honrando a Dios. Fue bendecido mientras Abraham estaba con él, pero cuando Abraham se fue, también se fue la bendición. La tierra de Lot se secó, y sus rebaños se redujeron a nada. Terminó abandonando ese lugar, y con el tiempo Abraham tuvo que ir y rescatarlos a él y a su familia.

Como sucedió con Lot, hay personas que Dios ha puesto en su vida ahora mismo que están siendo bendecidas gracias a usted. Puede que nunca se den cuenta, y puede que nunca le den las gracias; pero no se preocupe, porque Dios lleva la cuenta. Esas son semillas que usted está sembrando. Él se encargará de que usted sea bendecido en mayor manera. Antiguamente, la gente incluso oraba al Dios de Abraham. Cuando vieron cuán bendecido era Abraham, y cómo floreció en el desierto, pensaron: *Si podemos acercarnos a este Dios, tal vez seamos bendecidos.* Dios quiere poner este tipo de distintivo sobre usted. Él quiere que usted destaque de tal manera que las personas quieran lo que usted tiene. Dirán: "Voy a orar al Dios de esa gente de Lakewood. Voy a orar al Dios de Roberto, al Dios de Susana o al Dios de María. Mira cuán bendecida es, muy fiel, tan generosa y talentosa. Si puedo acercarme a su Dios, creo que puedo ser bendecido".

## Este favor acelera sus sueños

Recibí un correo de una señora llamada Ruby. Una noche después de cenar, ella y su esposo Jorge tomaron las sobras de su nevera y comenzaron a experimentar con diferentes recetas para hacer estofado. Estaban probando diferentes combinaciones y diferentes especias, simplemente pasándoselo bien y viendo qué podían crear. Descubrieron una receta que les gustó tanto que comenzaron a venderla puerta por puerta. Fue un éxito; a todo el mundo le encantaba su estofado. Una noche vieron un anuncio en la televisión sobre una gran cadena de supermercados que buscaba concursantes para una competición de cocina. La persona que ganara podría comercializar su producto en esa gran cadena de supermercados. Ellos participaron con su estofado, y de seiscientas entradas, les notificaron que habían llegado a los veinticinco principales. Estaban muy emocionados, y siguieron orando y creyendo.

Unos meses después se anunció el ganador del gran premio, pero desgraciadamente no eran ellos. Era como si les hubieran quitado el viento de las velas. Ellos asisten a Lakewood, y yo acababa de hablar sobre cómo Dios dirige estratégicamente nuestros pasos, y cómo Él no siempre nos lleva en orden de la A a la B, y luego a la C. A veces, Él le llevará dos pasos hacia delante, un paso atrás, y después cinco pasos hacia delante. La clave está en confiar en Él en esos tiempos en los que parece que usted está avanzando en la dirección equivocada.

Varios meses después, Ruby estaba en nuestro servicio de los miércoles por la noche cuando recibió una llamada de su contacto en esa cadena de supermercados y salió al vestíbulo para atender la llamada. Le dijeron: "Aunque no ganó, nos gusta tanto su estofado que queremos comercializarlo en nuestra cadena". Ella y Jorge estaban entusiasmados; no podían creérselo.

Pero parte de este distintivo también significa que Dios quiere acelerar el cumplimiento de sus sueños. Él acelerará las cosas, hará que sucedan más rápido de lo que usted pensaba. Después de que la cadena de supermercados había estado vendiendo el estofado por un breve periodo de tiempo, llamaron de nuevo diciendo: "Su estofado es tan bueno que queremos que ustedes creen una línea entera de comida para nosotros, y nosotros les ayudaremos a comenzar". En menos de un año, esta pareja pasó de jugar en su cocina una noche con las sobras a tener la oportunidad de crear una línea de comida para una de las cadenas más grandes de supermercados.

Dios sabe cómo hacer que usted llame la atención. Su rostro está resplandeciendo sobre usted ahora mismo y Él ha puesto un distintivo sobre su vida, sobre sus propiedades, sobre su carrera y sobre sus hijos. Esto hará que usted destaque. Le abrirá puertas que usted nunca hubiera podido abrir. Traerá oportunidades, las personas correctas y buenas rachas. Usted no está solo en esta vida. Tiene a la fuerza más poderosa del universo soplando en su dirección ahora mismo. Usted ha sido llamado y escogido para vivir una vida distintiva de favor. Ahora haga su parte. Haga oraciones valientes. No limite a

Dios. Crea en sus sueños. Si lo hace, yo creo y declaro que Dios se mostrará en su vida de maneras asombrosas. Igual que con Abraham, usted prosperará en el desierto. Igual que con José, Él hará que usted destaque. E igual que con esta pareja, sucederá más rápido de lo que piensa.

# CAPÍTULO 5

# Dios es su fuente

Es fácil ver a las personas o a nuestro trabajo como nuestra fuente. Sí, Dios usa a las personas, usa los trabajos y usa los contratos, pero estos no son la fuente divina. Son simplemente un recurso que la Fuente usa. Si usted está viendo como su fuente otras cosas que no son Dios, el problema es que, si les ocurre algo, usted pensará: *¿Qué voy a hacer? La fuente se ha agotado.* No, a la Fuente no le ha pasado nada. Dios sigue sentado en el trono. Las Escrituras dicen que toda buena dádiva viene de nuestro Padre celestial. Esa buena dádiva o regalo puede llegar a través de las personas, pero vino de parte de Dios. Quizá su salario llegue a través de su empresa, pero vino de parte de su Padre celestial. Él es quien hizo que esa empresa lo contratara, y los está usando como un recurso. Ese contrato puede que haya llegado a través de un amigo u otra conexión, pero vino de parte de Dios.

Por eso, no tiene que seguirles la corriente a otros en el trabajo o comprometer sus valores para conseguir una buena oportunidad. Las personas no son su proveedor; Dios es su proveedor. Ese empleo es simplemente el recurso a través del cual Dios escogió bendecirlo. Si no entiende esto, puede convertir a las personas en su Dios. "Si no le caigo bien a mi supervisor, o si este contrato no dura, o si este cliente no es bueno conmigo, ¿qué voy hacer?". Quite a las personas del trono. Las personas no son su fuente; Dios es su fuente. Es agradable cuando son amables con usted y cuando reconocen su valor, pero no se haga tan dependiente de ellos que comience a considerarlos sus proveedores. Reconozca que detrás del recurso está la Fuente. Detrás de los ingresos y detrás de las oportunidades está el Dios altísimo que hace que las personas sean buenas con usted, que hace que esa puerta se abra y que hace que ese cliente le busque. Sea agradecido por el recurso, pero mantenga sus ojos puestos en la Fuente.

Cuando Pedro no tenía dinero suficiente para pagar sus impuestos, Jesús le dijo que fuera al lago y pescara un pez. El primer pez que pescó tenía una moneda de oro en su interior, lo cual era suficiente para pagar sus impuestos. Dios nos estaba mostrando que Él puede usar diferentes recursos. Si su contrato se acaba en el trabajo y parece que le van a despedir, no se desanime. Dios tiene otro pez. Él tiene cosas en las que usted ni siquiera ha pensado. Cuando mantiene a Dios en el primer lugar, usted está conectado a un suministro que nunca se acabará. Usted no está a merced de la economía, o de a quién le cae bien, o de lo que hace su jefe. Dios tiene todo tipo de recursos que Él puede usar.

## ¿Está reconociendo la Fuente?

Hablé con un hombre que había trabajado por treinta y dos años en la misma compañía hasta que se vendió repentinamente y se quedó sin empleo. Estaba muy desanimado, ya que nunca se había imaginado que a su edad tuviera que empezar de nuevo. Yo le dije lo que le estoy diciendo a usted: "Ese trabajo era simplemente el recurso que Dios estaba usando para bendecirle; no es la fuente. La fuente está intacta, y Él ya tiene otro recurso preparado". Unos seis meses después, este hombre volvió muy contento. Me dijo: "No solo conseguí trabajo, sino que me dieron un puesto que nunca hubiera soñado tener". Ahora sus ingresos eran casi el doble, tenía más beneficios, y su lugar de trabajo estaba más cerca de su casa.

Cuando una puerta se cierra, o cuando se enfrenta a un obstáculo, debe recordarse a usted mismo que el recurso no es lo que le bendice; es la Fuente. Las Escrituras dicen que incluso en el desierto usted prosperará, sus hojas no se marchitarán, e incluso en medio de los tiempos de escasez tendrá más que suficiente. Esto nos muestra que, a pesar de que las circunstancias cambien, la Fuente nunca cambia. Gracias a que usted está conectado a la Fuente, que es Dios, será bendecido en medio de los tiempos de escasez y mejorará cuando otros empeoren. A lo largo

> *A pesar de que las circunstancias cambien, la Fuente nunca cambia.*

del día, durante todo el día, debería decir: "Señor, reconozco que tú eres la Fuente de mi vida. Sí, este trabajo me da una nómina, pero tú eres la Fuente de mis ingresos. Esta compañía me dio trabajo, pero tú eres la Fuente de este favor".

En el capítulo 3, hablé sobre cómo Rut y su suegra, Noemí, llegaron a reconocer que Booz era su conexión de favor. Cuando Rut se enteró de que Booz les había dicho a sus obreros que dejaran puñados de grano a propósito para ella, puedo imaginarme su conversación con Noemí: "Booz, que es el dueño, se está portando muy bien conmigo. Deja grano a propósito para que yo pueda recogerlo". Ella pensaba que era Booz el que le mostraba favor, aunque lo cierto es que era Dios el que estaba siendo bueno con ella. Booz era el recurso, pero Dios era la Fuente. Dios le habló a Booz e hizo que fuera bueno con ella. ¿Cuántas veces no ha hablado Dios a personas para que sean buenas con nosotros y ni siquiera nos hemos dado cuenta? Sin razón aparente, alguien decidió ayudarnos, nos abrieron una puerta, nos dieron un puesto, o nos presentaron a un amigo. Fueron un recurso que la Fuente estaba usando.

Mientras más tiempo vivo, más veo la bondad de Dios en mi vida. Me doy cuenta de cómo algunas cosas que yo pensaba que eran una casualidad, como por ejemplo personas que simplemente decidieron ser buenas conmigo, realmente venían de la fuente divina. Cuando se abrieron puertas que usted no pudo haber abierto, o cuando alguien decidió darle una buena oportunidad, o cuándo usted estaba en el lugar adecuado en el momento adecuado, o cuando conoció a esa persona y se enamoró, eso no fue una coincidencia; era la fuente divina. No estaba teniendo suerte cuando esa persona habló bien de usted y consiguió ese ascenso. Dios le habló a esa persona igual que lo hizo con Booz, diciéndole que fuera bueno con usted. Todo lo bueno viene de su Padre. Puede que ellos ni siquiera supieran que era Dios, pensando que simplemente tuvieron el deseo de ayudarle: de quedarse más tiempo para presentarle a ese amigo, o no hacer caso de la política de la empresa y concederle el préstamo. ¿Está usted reconociendo la Fuente? ¿Está usted dándole gracias a Dios por cada cosa buena?

¿Se da cuenta de que sin la Fuente usted no hubiera despertado esta mañana, sin la Fuente no hubiera tenido aire para respirar, sin la Fuente sus ojos no hubieran podido ver, sin la Fuente no tendría dinero para ponerle gasolina a su auto, sin la Fuente no tendría la fuerza suficiente para leer este libro, y sin la Fuente no tendría esa persona a quien amar? No se fije tanto en los recursos que se le olvide que fue Dios soplando sobre su vida, que fue Dios protegiéndole de ese accidente en la autopista, que fue Dios el que le sanó de ese cáncer y no solo la medicina; fue la Fuente. Fue Dios el que hizo que concibiera esos hijos a los que adora. Cuando mire hacia atrás en su vida, fíjese que no hubo golpes de suerte y no hubo coincidencias. Cuando usted pensaba que Booz simplemente estaba siendo bueno con usted, dejando puñados de grano a propósito, esa era la mano de Dios. Esa era la Fuente trabajando entre bastidores, diciéndoles que fueran buenos con usted.

## Un recurso que la Fuente usa

Cuando estábamos intentando comprar el Compaq Center, el edificio era propiedad del ayuntamiento. Por lo tanto, tuvimos que hacer que los miembros del consejo municipal votaran y lo aprobaran. Yo nunca me había visto involucrado en ningún tipo de política, ni tampoco me había visto nunca en la necesidad de convencer a miembros del consejo. Yo pensaba que eso estaba muy fuera de mi área de conocimiento, ya que no tenía experiencia alguna en ello. Alguien, de la nada, nos presentó a un hombre que había estado involucrado en política municipal durante la mayor parte de su vida y había trabajado para diferentes alcaldes por muchos años. Él no era el típico profesional de cuello blanco que usted pueda imaginar. De hecho, le gustaba ir de fiesta, beber, y no siempre usaba un buen lenguaje, pero por alguna razón le caímos bien y quería que consiguiéramos el edificio.

Este hombre hizo todo lo que estaba en sus manos para que las cosas sucedieran. Usó todo su favor y toda su influencia para convencer a personas. Cuando un miembro del consejo estaba en nuestra contra, él nos dijo: "No se preocupen, me debe una. Votará a su favor". Yo no pedí más detalles. Simplemente exclamé: "Gracias, Jesús". Este hombre nunca había estado en la iglesia en su vida, pero estaba haciendo todo lo posible para que Lakewood consiguiera el edificio. Ahora miro hacia atrás y me doy cuenta de que no fue simplemente que él decidió ayudarnos, y que no era simplemente que él decidiera hacer una buena obra. Él fue el recurso que la Fuente estaba usando. Fue Dios trabajando entre bastidores. Dios le estaba hablando y él ni siquiera lo sabía, poniendo en él el deseo de ayudarnos.

Después que conseguimos el edificio, este hombre vino a uno de nuestros servicios. Cuando le estaban entrevistando años después acerca del edificio y preguntándole por qué nos ayudó, él explicó: "Yo no voy a la iglesia. Una vez fui a Lakewood, y no me gusta el circo". (Sí, nuestros servicios son un poco ruidosos y divertidos, pero nunca hemos llevado elefantes, Victoria nunca ha caminado sobre la cuerda floja, y mi hermano Paul nunca ha salido disparado de un cañón). Continuó él hablando, y no lo menciono para presumir de mí mismo, sino para recalcar este punto: "Les ayudé porque nunca he conocido a alguien como Joel. Atravesaría un aro de fuego por ese hombre". Me gustaría poder decir que soy encantador y dinámico, pero ¿sabe qué? No lo soy. En realidad, ni siquiera lo conocía. Esa es la Fuente; ese es Dios poniendo a las personas correctas en nuestro camino y haciendo que alguien salga de su zona cómoda para ser bueno con nosotros.

## Junte todos los envases que pueda

En 2 Reyes 4 encontramos la historia de una mujer y su esposo que eran amigos del profeta Eliseo, pero el esposo murió. Pasaron los años, y con el tiempo ella no tenía más

dinero para pagar sus facturas. Las cosas habían empeorado
tanto que los acreedores estaban a punto de llegar para llevarse
a sus dos hijos como pago. Podrá imaginar lo desesperada
que estaba ella. Eliseo llegó y ella le contó lo que estaba
sucediendo. Él le preguntó qué tenía en su casa, y su primera
respuesta fue: "Nada de nada". Lo que estaba diciendo en
realidad, era: "Eliseo, se acabó. Es demasiado tarde, y todas
las probabilidades están en mi contra". A veces miramos lo
que tenemos comparándolo con lo que necesitamos y pensamos como ella: *Nunca cumpliré mis sueños. No tengo lo que*
*necesito. Nunca saldré de la deuda, nunca me pondré mejor, o*
*nunca conoceré a la persona adecuada.* Miramos solamente los
recursos, las circunstancias, la cuenta bancaria, o el reporte
médico. Puede que los recursos se hayan agotado, pero la
Fuente sigue estando viva y sigue siendo eficaz.

Finalmente, la mujer dijo: "Eliseo, sí que tengo algo en
mi casa, pero realmente no es nada; solo un pequeño tarro
de aceite de oliva". Ella pensó: *¿Por qué debería mencionar*
*eso? Tengo una deuda enorme, y lo único que tengo es algo que vale apenas unos pocos dólares.* No des-
carte las pequeñas cosas que usted
tiene: las pequeñas oportunidades,
sus pequeños ingresos, o los dones
pequeños. Puede que parezca demasiado pequeño, pero Dios sabe cómo
multiplicar las cosas. Las Escrituras
dicen que, si tenemos fe del tamaño

> *Tan solo diga: "Dios,*
> *este poquito aceite es*
> *lo único que tengo,*
> *esta fe del tamaño de*
> *un grano de mostaza*
> *es lo único que tengo",*
> *y verá lo que Dios*
> *puede hacer.*

de un grano de mostaza, la cual es una de las semillas más pequeñas, podemos decirle a esa montaña "muévete" y se moverá. Dios no espera que tengamos una fe impresionante todo el tiempo. Es genial cuando la tenemos, pero Dios es misericordioso, y Él sabe que habrá momentos como este en el que pensemos que es imposible. Tan solo diga: "Dios, este poquito aceite es lo único que tengo, esta fe del tamaño de un grano de mostaza es lo único que tengo", y verá lo que Dios puede hacer.

Eliseo le dijo que fuera y pidiera prestados el máximo número de envases grandes que pudiera encontrar. Puedo imaginarme a esta mujer llamando a las puertas de cada una de sus vecinas, llevando esos envases a su casa. ¿Acaso no cree que Dios vio su fe? Dios vio que ella estaba siendo obediente, haciendo lo que podía. Cuando esté pasando por tiempos difíciles, no se quede sentado sumiéndose en la auto-compasión. Haga algo con lo que Dios pueda ver su fe. Planee ponerse mejor, planee salir de esa dificultad, o planee formas en las que Dios puede mostrarse en su vida. ¿Ha juntado usted envases? ¿Ha dado pasos para mostrarle a Dios que está listo o lista para ver su favor? ¿Ha hecho lo que Él le está pidiendo que haga? Puedo imaginarme a sus vecinas preguntando a esta mujer: "¿Por qué necesitas todos estos envases cuando no tienes nada que poner en ellos? Lo único que tienes es esa pequeña cantidad de aceite de oliva". Ella respondió: "No lo tengo aún, pero sé que está de camino. Sé que el profeta no me habría dicho que lo hiciera si Dios no estuviera a punto de hacer algo".

Comenzó a surgir fe en su corazón. Todas las circunstancias estaban en su contra: sus amigos intentaban convencerla de que dejara lo que estaba haciendo, y sus propios pensamientos le decían que estaba malgastando su tiempo y no funcionaría. Su actitud era la de pensar: *Estoy conectada a un suministro que nunca se acabará. Dios es mi fuente y mi provisión.*

Eliseo le dijo que echara el poquito aceite que tenía en el primer envase. Aquello no tenía sentido. ¿Qué conseguiría con el hecho de simplemente cambiar el aceite de envase? Lo que Dios nos pide que hagamos, muchas veces, se trata más bien del acto de obediencia que de lo que en realidad estamos haciendo. Es una prueba. Si obedece, verá el favor de Dios.

En otra historia en la que Eliseo también era protagonista, un hombre llamado Naamán era un capitán del ejército enemigo, pero tenía lepra. Cuando llegó a Eliseo buscando ayuda, Eliseo le dijo que se lavara en el río Jordán siete veces y sería sanado. Naamán se ofendió y se inventó un montón de excusas de por qué no quería hacerlo: "El agua está sucia, y tenemos mejores ríos en casa". Casi se convence a sí mismo de no hacerlo, pero finalmente hizo lo que Eliseo le había mandado. Cuando salió del agua la séptima vez, su piel estaba completamente normal. La sanidad no estaba en el agua, sino en la obediencia. ¿Está usted haciendo lo que Dios le ha pedido que haga? ¿Está recogiendo los envases y echando el aceite?

Esta mujer podía haberse convencido a sí misma de no

haberlo hecho, pensando: *No malgastaré mi tiempo vertiendo este aceite.* Se hubiera perdido el milagro. Cuando echó el aceite en el primer envase, el aceite no dejó de fluir. Llenó el primero, después el segundo, y después el tercero. Aquello no tenía sentido. ¿De dónde venía el aceite? De la fuente divina. Cuando usted hace lo que Dios le pide que haga, incluso cuando no tenga sentido, Dios hará cosas por usted que no tienen sentido. Él se mostrará en su vida. Esta mujer siguió echando aceite hasta que todos los envases estaban llenos de aceite. Entonces fue, vendió el aceite, tuvo suficiente dinero para pagar sus facturas y aún le sobró para vivir. Aquella pequeña botella de aceite debió haberse agotado, pero Dios tiene provisión sobrenatural. Él sabe no solo cómo sostenerlo, sino también cómo hacerle crecer para que supere los obstáculos.

## Un fluir sobrenatural

Puede que haya áreas en su vida que estén secas, en las que no haya visto buenas oportunidades, ni crecimiento ni favor. Parece ser permanente, pero prepárese. Las cosas comenzarán a fluir de nuevo. Dios está a punto de hacer algo inusual; algo fuera de lo común. Usted no puede hacer que suceda, y todo parece estar en su contra, pero la fuente divina enviará un fluir sobrenatural. Puede que parezca que el sueño se ha secado, pero el favor está a punto de fluir, las finanzas están a punto de fluir, las buenas rachas están a punto de fluir, y las personas adecuadas están a punto de fluir. Usted no tendrá que buscarlas; ellas le encontrarán a usted. Puede que el reporte médico no da buenas noticias y se siente atrapado en su salud, pero reciba esto en su espíritu: la sanidad está fluyendo, las fuerzas están fluyendo, la restauración está fluyendo, y la libertad está fluyendo. Quizá no pueda adelantar en su profesión; las personas le han retenido y le han dejado fuera. No se desanime, porque el fluir está en camino. El ascenso fluirá, la creatividad está a punto de fluir, y las ideas fluirán.

> *Reciba esto en su espíritu: la sanidad está fluyendo, las fuerzas están fluyendo, la restauración está fluyendo, y la libertad está fluyendo.*

Yo creo en que todo el poder que ha estado deteniendo su fluir se está rompiendo ahora. Usted está entrando en un crecimiento sobrenatural, provisión sobrenatural, sanidad sobrenatural y conexiones sobrenaturales. Seguramente ha oído el dicho: "llegó el momento". Dios está diciendo: "llegó el fluir". Él abrirá las ventanas de los cielos y derramará bendiciones que usted no podrá contener. Con un solo toque de su favor, usted pasará de un tiempo de escasez a la prosperidad, y del casi suficiente al más que suficiente. Ahora haga su parte y póngase de acuerdo con Él. "Padre, gracias porque mi trabajo no es mi fuente, sino tú. Estoy agradecido por esta medicina, pero tú eres mi sanador. No veo cómo puedo cumplir mis sueños, pero yo sé que tú tienes un camino preparado donde yo no veo un camino".

Conozco a una pareja que quería comprar una casa en

otro estado. Estaban considerando en cierto barrio una casa que les gustaba mucho, pero cada vez que intentaban avanzar con la compra simplemente no sentían la tranquilidad de hacerlo. Después de varios meses encontraron una propiedad grande a las afueras de la subdivisión. En lo natural, estar en la urbanización hubiera sido una mejor inversión. El valor de las propiedades allí era más alto, y aunque podían haberse permitido esa casa, al no sentir paz compraron la otra propiedad que estaba fuera de la urbanización. Seis meses después dos hombres se presentaron en su puerta. Eran geólogos. Le dijeron a la pareja que habían estado estudiando la zona durante varios años y habían descubierto una gran cantidad de petróleo bajo la subdivisión, pero la propiedad era demasiado pequeña. No había lugar para que pudieran cavar. Les dijeron: "Si nos permiten rentar parte de su propiedad, no solo les daremos la comisión que le corresponde por su propiedad, sino que también les daremos una comisión por todas las casas de la subdivisión". En ese vecindario había mil doscientas casas. Isaías dijo que Dios sabe dónde se encuentran las riquezas escondidas. ¿Sabe por qué? Porque Él es el que las puso ahí. Él es la fuente, el Creador, el Dios altísimo. Puede que ahora mismo no esté fluyendo nada, pero la Fuente sabe dónde están todos los tesoros. Él sabe cómo tenerlo a usted en el lugar correcto en el momento adecuado. Puede que no le diga donde hay un yacimiento de petróleo, pero puede darle una idea que le catapultará a un nuevo nivel. Como hizo con nosotros cuando estábamos comprando el Compaq Center, Él puede cruzar a una persona en su camino que le ayudará a conseguir un sueño que parece imposible. Él no solamente sabe lo que usted necesita, sino que también sabe cuándo lo necesitará.

## Pídale a la fuente divina

En 1997 estaba caminando por el vestíbulo de la iglesia antes de un servicio el domingo por la mañana. Un hombre me detuvo y me dijo que su primo tenía un permiso de construcción para la que sería la última estación de televisión en Houston. Compramos el permiso y comenzamos a retransmitir. Yo pensé que eso sería lo que yo haría con mi vida. Me encantaba la producción, las cámaras y la edición. Tener una estación de televisión parecía ideal. Dos años después, mi papá partió con el Señor. Nunca soñé que fuera a convertirme en el pastor. Ahora mi enfoque había cambiado. Cuando compramos el Compaq Center en 2003, necesitábamos cien millones de dólares para renovarlo, así que decidimos vender la estación. Cuando la pusimos a la venta por un determinado precio, todos los expertos dijeron que nunca nos darían tanto dinero por ella. Un hombre que había vendido más estaciones de televisión que cualquier persona en los Estados Unidos dijo que estábamos malgastando nuestro tiempo pidiendo tanto dinero. Un año después, vendimos la estación por más de lo que pedíamos, que era cinco veces más de lo que habíamos pagado por ella en un principio.

Esos fondos fueron indispensables para permitirnos renovar el edificio.

Dios ya ha preparado todo lo que usted va a necesitar en un futuro. Él es la fuente. Las Escrituras dicen que a los que andan en justicia nada bueno les será impedido. Él sabe dónde están todas las cosas buenas. Él no retendrá las finanzas, la salud, las ideas o las conexiones. Deje de preocuparse de cómo sucederá. "¿Qué pasará si no tengo los fondos, o si no puedo encontrar a alguien que me ayude, o si el reporte médico no es bueno?". Dios está en control, y Él tiene recursos ilimitados. Él sabe cómo llevarle a su destino. Tal vez usted haya intentado hacer esto en sus propias fuerzas. Ha hecho su mejor esfuerzo y ha intentado conseguir que la gente le ayude, pero ahora es el momento de acudir a Dios. Vaya a la fuente divina y diga: "Dios, no puedo hacer esto por mí mismo. Te pido que produzcas un cambio en mi hijo, cumplas este sueño, me liberes de esta adicción, o me ayudes a tener este bebé".

Las Escrituras enseñan que si invoca el nombre del Señor, Él le responderá. A veces clamamos a las personas, a nuestros amigos, a nuestro cónyuge, pero ellos están limitados en lo que pueden hacer. Cuando usted clama a la fuente divina, el Creador del universo, entonces sucederán cosas que usted no puede hacer que sucedan. Dios quiere que dependamos de Él. Debemos reconocer que no podemos hacerlo en

> *Si invoca el nombre del Señor, Él le responderá.*

nuestras propias fuerzas, que somos limitados y tenemos res-
tricciones. Cuando hacemos las cosas por nosotros mismos,
nos atascamos; pero cuando le pedimos a Dios que nos ayude,
cuando acudimos a nuestro Creador, suceden cosas sobrenaturales, porque Él es ilimitado. Él controla el universo, y la
buena noticia es que quiere ayudarle. Quiere sanarle, liberarle,
hacerle crecer, y llevarle a lugares con los que ni siquiera ha
soñado. Él anhela ser bueno con usted, así que búsquelo a
Él como su fuente.

## Ya está preparado

En Juan 21, Pedro estaba pescando con algunos de los otros
discípulos. Jesús había sido crucificado y acababa de resucitar
de los muertos. Puede imaginarse lo desanimado y confundido
que estaba Pedro ahora que Jesús no estaba. Pedro regresó
a hacer lo que sabía hacer, que era pescar. Es lo que había
hecho toda su vida. Pescaron durante toda la noche, pero
no consiguieron nada, y ahora estaba incluso más frustrado.
Temprano a la mañana siguiente, Jesús se les apareció. Llegó
caminando por la playa y les gritó: "¿Han pescado algo?".
Ellos respondieron que no. Él les indicó: "Echen la red por
el lado derecho del barco y pescarán algunos peces". Cuando
lo hicieron, sacaron la red completamente llena de peces.
Inmediatamente, Pedro reconoció que era Jesús el que les
hablaba, y saltó de la barca y nadó hacia la orilla. Jesús
había puesto algunos peces a cocinar en un fuego, y le dio

a Pedro algo de comer. Lo que Pedro intentaba pescar, Jesús no solo lo tenía ya, sino que lo había cocinado y estaba listo para comer. Dios está diciendo: "Lo que estás intentando encontrar y lo que estás intentando conseguir, si me buscas a mí, si reconoces que yo soy la fuente, entonces verás que ya lo tengo todo cocinado y preparado. Está esperándote".

Igual que Pedro, puede que en el pasado hiciéramos algo en lo que éramos buenos, pero hay momentos en los que Dios no permitirá que lo que funcionó en nuestro pasado siga funcionando, porque entonces creeríamos que lo estamos haciendo mediante nuestras propias habilidades y esfuerzos. Él quiere que dependamos de Él. Quiere que lo veamos como la fuente y reconozcamos su bondad. Demasiadas veces nos esforzamos por hacer que las cosas sucedan, y nos desanimamos, porque tarda demasiado mientras intentamos abrir las puertas a patadas. Dios le dice: "Ven a mí y pídeme ayuda, clama a mí y reconóceme cada día como tu fuente". Pedro trabajó durante toda la noche intentando pescar peces, mientras Jesús estaba sentado en la orilla esperándolo con una cena de pescado. Lo que usted está creyendo que sucederá, Dios ya lo tiene preparado.

Los peces ya están pescados, su cónyuge ya está elegido, su sueño ya está preparado, y la sanidad ya ha sido comprada. El fuego está encendido y los pescados se están cocinando, y usted está a punto de entrar a una bendición preparada. Dios sabe dónde están todos los peces, y lo que usted no pudo hacer en sus propias fuerzas, Dios hará que suceda. Los peces le encontrarán a usted. Ahora haga su parte y reconózcalo a Él como su fuente. Cada mañana, diga: "Padre, gracias porque tú eres mi proveedor. Tú eres la fuente de todo lo bueno en mi vida, y reconozco que cada cosa buena viene de ti, mi Padre celestial". Si hace esto, yo creo y declaro que Dios está a punto de traerle unos pescados cocinados; unas bendiciones preparadas. Entrará en un nivel de favor que nunca antes había visto, oportunidades, sanidad, abundancia, y su destino será llevado a nuevos niveles.

# CAPÍTULO 6

# Una demostración pública

Lo que Dios va a hacer en su vida no solo se hará en privado, escondido atrás, donde nadie lo ve. Dios va a hacer algo en público. Él se va a mostrar de manera que no solo usted verá su poder, sino también las personas que le rodean. Una cosa es cuando Dios hace algo en privado; le da una vuelta a un problema y nadie se entera, mostrándole favor en el ámbito privado. Pero cuando Dios le saca al ámbito público, es otra historia. Cuando la gente intenta difamarle o tirarle al piso, Dios abre una puerta que usted no podría haber abierto, le asciende cuando usted tal vez no cumplía los requisitos, y le sitúa en una posición de influencia. Cuando Él hace una demostración pública, usted no tiene que responder a sus críticos; Dios lo hace.

Cuando parecía que había alcanzado sus límites, sus familiares se rieron. Cuando les dijo que iba a pagar por completo la hipoteca de su casa sacudieron sus cabezas, pensando que era un excéntrico. Pero cuando usted entre a una bendición explosiva que le catapulta hacia delante, ellos no estarán sacudiendo sus cabezas en señal de desaprobación; lo harán en señal de admiración. Dios se mostrará en su vida no solo para llevarlo usted a su destino, sino también para demostrar a los demás que el Señor está de su lado. Lo que Él está a punto de hacer en su vida públicamente no dejará ninguna duda. Una cosa es *decir* que el Señor está de su lado, y otra cosa es *ver* que el Señor está de su lado. Usted lo ha estado diciendo; ha sido fiel, creyendo y esperando, así que prepárese porque está a punto de verlo. Dios hará algo tan grande y tan inusual, que no habrá duda para usted, ni para la gente que está a su alrededor, de que su favor está sobre su vida.

## Asombrosas demostraciones de poder

En el libro de Éxodo, Dios dijo a los israelitas que Él haría maravillas nunca antes vistas, y que todas las personas a su alrededor verían las asombrosas demostraciones de poder que Él haría a través de ellos. Dios está a punto de demostrar su asombroso poder a través de usted. Él podría mostrarlo a través de cualquier cosa, como la naturaleza, la creación, o la climatología. Pero Él dice: "Lo haré a través de ti". Él está a punto de hacer algo sin precedentes, algo que hará que usted destaque, y no habrá otra explicación que no sea Él. Esa enfermedad debió haber sido el final. El reporte médico decía que usted estaba acabado, pero desafió los obstáculos y los superó. Dios mostró su asombroso poder. O tal vez algunas de las personas con las que creció siguen batallando, sin poder avanzar, y viven disfuncionalmente. Ellas le mirarán a usted y sus bendiciones, su pros- peridad, y su vida que está en otro nivel. O tal vez usted no era el mejor calificado y no tenía la experiencia necesaria, pero su negocio despegó. No tuvo que encontrar a los clien- tes, sino que ellos le encontraron a usted. Eso es Dios demostrando su asombroso poder. *Asombroso* significa que no será algo ordi- nario sino extraordinario; no algo natural sino sobrenatural.

> *Asombroso significa que no será algo ordinario sino extraordinario; no algo natural sino sobrenatural.*

Eso es el edificio de nuestra iglesia, el antiguo Compaq Center: una asombrosa demostración del poder de Dios. Nos enfrentábamos a oponentes que eran más grandes, más fuer- tes y tenían más recursos. Los críticos se rieron, personas se rieron de nosotros y dijeron que estábamos malgastando nuestro tiempo. Pero a veces, Dios permitirá que usted esté en una situación en la que no hay salida para que cuando Él le dé la vuelta, todos sepan que fue Él. Así no habrá duda de que fue la mano de Dios.

Puede que su situación parezca imposible. No hay forma de que cumpla su sueño, no hay forma de que mejore, no hay forma de que pueda pagar por completo su hipoteca porque está demasiado sumido en la deuda. Está todo medido. Dios está a punto de demostrar su asombroso poder no solo para que usted pueda verlo, sino también para que otros puedan verlo. David dijo que Dios preparaba una mesa delante de él en presencia de sus enemigos. Eso no es privado, no es oculto. Dios se mostrará para que los enemigos de usted (la oposición y los críticos) le vean ascendido, honrado, en una posición de influencia y a vista de todos. Esa es la razón por la que no tiene que demostrar a nadie quién es usted. No tiene que intentar convencerles para caerles bien, y no tiene que malgastar su tiempo preocupándose por la gente que no está de su parte. Siga corriendo su carrera y honrando a Dios, y en algún punto Él se mostrará de tal forma que las personas que le critican no podrán negar el favor de Dios sobre usted. Puede que usted no les caiga bien, pero le respetarán.

Cada vez que las personas que no querían que tuviéramos nuestro edificio pasan al lado en la autopista, puede que no les guste que lo tengamos, pero no pueden negar que el Señor estuvo de nuestro lado. Dios tiene preparadas algunas de estas muestras públicas para usted, y no de manera privada ni secreta. Él se mostrará para demostrarle a la gente quién es usted.

## No será hecho en secreto

En el Salmo 86, David pide: "Dame una muestra de tu amor, para que mis enemigos la vean y se avergüencen". La palabra "avergüencen" aquí también puede significar que se "asombren". David sabía lo que era tener oposición; gente que le difamaba y no creía en él. Sus hermanos se reían de él y su padre no lo tomaba en cuenta. Cuando él le dijo al rey Saúl que quería luchar contra Goliat, Saúl pensaba que estaba bromeando. David era un adolescente y no tenía entrenamiento militar. Cuando Goliat vio a David y lo pequeño que era, pensó que era una broma. Lo interesante es que David podía haber derrotado a Goliat en privado. Podían haber peleado solos, en un lugar desierto y apartado del valle, donde no hubiera nadie. Aun así, hubiera sido un gran milagro, pero Dios sabe que hay momentos en los que Él debe sacarle al ámbito público para que todos sus amigos y enemigos (aquellos que están de su lado y también los que están en su contra) puedan ver de primera mano el favor de Dios sobre su vida.

Cuando David se enfrentó a Goliat, todo el ejército filisteo estaba en la ladera de la montaña, observando. El ejército israelí estaba al otro lado, también mirando. El rey Saúl estaba allí junto a otros líderes y gente de la ciudad que habían oído acerca de esta gran batalla. Era como el Super Bowl; todos acudieron a ver, aunque David tenía tan pocas probabilidades de ganar que era casi cómico. Goliat medía casi tres metros y era el guerrero más experimentado; su campeón. David era un adolescente, sin armadura y sin entrenamiento. Cuando salió a enfrentarse a Goliat, todos los ojos estaban sobre él. Lanzó aquella piedra y le dio a Goliat en la frente, tirándolo al suelo, inconsciente. David se acercó, tomó la espada del propio Goliat y le cortó la cabeza. Todos se quedaron de piedra, asombrados y avergonzados. No podían creer lo que acababan de ver. Instantáneamente,

David tuvo influencia, credibilidad, honor y respeto. En lugar de reírse de él y no tomarlo en cuenta, ahora, cuando se referían a David era con un "Sí, señor. No, señor. Lo que usted diga, señor". Todo cambió. Su familia nunca volvió a tratarlo de la misma manera. Su padre finalmente reconoció la unción sobre su vida. Incluso los filisteos, que eran la oposición y los despreciaban, no podían negar que el Señor estaba de su lado.

Igual que sucedió con David, Dios tiene preparados para usted algunos de estos momentos en los que le demostrará a la gente quién es usted. Él abrirá puertas que usted no pudo abrir, le ayudará a conseguir lo que usted no pudo conseguir por sí mismo, y le ayudará a derrotar gigantes mucho más grandes. Todos

> *Todos verán la mano de Dios en su vida.*

verán la mano de Dios en su vida. Él no lo hará en secreto; será una demostración pública.

Hace algunos años, un hombre llegó aquí, a Houston, para recibir un tratamiento en el Texas Medical Center. Tenía una variante rara de cáncer. El médico que lo estaba tratando era especialista en esa área y muy conocido en el ámbito médico por ser uno de los mejores del mundo. Incluso con el tratamiento, le había dado al hombre tan solo tres años de vida. Este hombre le dijo al médico que iba a orar, y que creía que Dios podía sanarlo. El médico era un hombre amable, pero no era un hombre de fe. Sonrió y le dijo: "Desgraciadamente, este tipo de cáncer no responde a la oración". Este médico nunca había visto a nadie recuperarse de ello y fue respetuoso, viéndolo solamente desde un punto de vista científico. Varios meses después, el hombre regresó para ver cómo estaba funcionando el tratamiento. El médico entró, miró sus notas y se quedó perplejo, pensando que estaba mirando la ficha equivocada. Salió, y entró minutos después mostrándole al hombre la ficha antigua, comparándola con la nueva. Dijo: "En cuarenta años de experiencia, nunca he visto este resultado. Ya no veo el cáncer". El médico se quedó allí parado y asombrado. Le pidió al hombre que escribiera lo que había orado, cuánto tiempo había orado, y todas las demás cosas que había hecho para incluirlo en su investigación.

¿Qué fue eso? Una demostración pública. Dios mostró su asombroso poder a través de este hombre no solo para sanarlo, sino para que también otros pudieran ver la mano de Dios. Ese médico nunca será igual. Puede que aún no sea creyente, pero una semilla fue plantada en su corazón. Es importante el hecho de que David oró así: "Dios, dame una muestra de tu amor". Él estaba desatando su fe, diciendo: "Dios, creo que puedes llevarme a donde yo no puedo ir por mí mismo". Me pregunto qué sucedería si nosotros comenzáramos a orar así: "Dios, dame una muestra de tu amor. Muestra tu asombroso poder a través de mí. Permíteme no solo ver tu bondad sino úsame también para mostrar a otros cuán grande eres tú".

## Una señal pública a través de usted

En 1 Reyes 18 hay una historia acerca de 450 profetas falsos que adoraban al dios Baal y salieron contra el profeta Elías. Parecía que estaba derrotado; eran todos ellos contra él, que era uno solo. Acordaron solucionar su disputa por medio de un concurso. Tanto los falsos profetas como Elías harían cada uno un altar y pondrían madera en él, y el Dios que prendiera fuego a la madera sería el Dios verdadero. A veces, como sucedió con Elías, usted se encuentra en una situación en la que se siente sobrepasado en número. La enfermedad parece más grande, la oposición parece más fuerte, o la adicción parece demasiado poderosa. Es fácil desanimarse y retroceder, pero usted debe hacer lo que él hizo y no dejarse intimidar por lo que está en su contra. La batalla no es suya; es del Señor. Dios no le trajo hasta aquí para dejarle solo. Él permitió esa situación para poder mostrar su poder asombroso a través de usted. Puede que las circunstancias griten: "Nunca saldrás de ésta. Nunca mejorarás. El obstáculo es demasiado grande". Mantenga la fe; Dios le respalda.

Eran cuatrocientos cincuenta contra uno, pero los profetas de Baal no entendían que Elías tenía al Dios altísimo de su lado. Construyeron su altar, pusieron la madera sobre él y empezaron a orar, bailar, suplicar y gritarle a Baal todo el tiempo. Todos estaban mirando y esperando, pero no sucedió nada. Finalmente, Elías dijo: "Es mi turno". Con unas piedras construyó un altar, cavó una zanja alrededor de él, puso la madera encima, y a continuación les dijo que echaran agua sobre la madera. Pero no una ni dos, sino tres veces, incluso hasta que se llenó la zanja. Quería asegurarse de que cuando se prendiera fuego, sabrían que no fue una simple coincidencia; no fue un simple acto de la naturaleza, sino la mano de Dios. Entonces Elías oró: "Dios de Abraham, Isaac y Jacob, demuestra hoy que tú eres el Señor y que yo soy tu siervo. Contéstame para que esta gente sepa que tú eres Dios".

Piense en la valentía que hizo falta para hacer eso. Una cosa es creer y orar, y que Dios no conteste a su oración. Pensamos: *No pasa nada, oraremos de nuevo mañana. Seguiremos creyendo.* Elías no tenía esta opción. Su vida estaba en juego. La cosa era así: "Dios, o apareces, o estoy acabado". En cuanto terminó de orar, cayó fuego del cielo y lo consumió todo. Todos cayeron sobre sus rostros y gritaron: "Elías, ¡tu Dios es el verdadero Dios!".

Dios va a hacer algunas cosas en su vida en las que no solo le sacará al descubierto, sino que le dará una señal pública. Puede que la gente a su alrededor aún no crea, pero cuando Dios muestre su asombroso poder a través de usted, cuando le ascienda incluso cuando los demás intentan tirarlo, cuando le lleve a niveles a los que ni siquiera hubiera soñado llegar, no podrán negarlo. Sabrán que Él es Dios. Elías oró: "Dios, demuestra que tú eres el Señor, y demuestra que yo soy tu hijo". Ahora bien, Dios no tiene que demostrar nada. Él es Dios lo creamos o no, pero a veces Él demostrará a otros que usted es su hijo.

Cuando enfrente situaciones difíciles y se sienta sobrepasado en número o los gigantes parezcan demasiado grandes, si hace lo que hizo Elías y pide algo grande, Dios se mostrará de una forma grande. Si usted dice en humildad: "Dios, demuestra que soy tu hijo. Hazme libre de esta adicción. Cambia mi matrimonio. Restaura mi salud. Cumple este sueño", Él le demostrará no solo a usted, sino también a la gente a su alrededor que usted es su hijo y que Él está de su lado. Lo interesante es que cuando el fuego llegó al altar, no solo quemó la madera e hizo que se evaporara el agua, lo cual el fuego hace normalmente. Las Escrituras dicen que hasta las piedras se quemaron; no quedó nada. Las piedras normalmente no se queman, pero cuando Dios se muestra en su vida, Él cambiará lo que parece permanente.

Tal vez su hijo ha estado yendo por un mal camino durante años, o usted piensa que no puede romper esa adicción, o se siente atascado en su profesión y tiene grandes obstáculos en su camino. No se preocupe, Dios sabe cómo quemar las piedras. Cuando Él se muestra, el bebé será concebido, el préstamo será concedido, su hijo cumplirá su destino, y su salud se dará la vuelta. Él es un Dios sobrenatural, así que prepárese, porque Él está a punto de quemar algunas piedras. Está a punto de mover lo que parece permanente. No

> *No solo le sorprenderá a usted, sino que también sorprenderá a las personas que le rodean.*

solo le sorprenderá a usted, sino que también sorprenderá a las personas que le rodean.

## Es hora de destacar

Cuando yo era pequeño conocía a un hombre que tenía una empresa que movía casas enteras. Era un hombre fuera de lo común, lleno de fe. Parecía que podía creer lo que fuera. Un día, él y sus trabajadores habían viajado durante horas moviendo una casa por carreteras de campo, y finalmente llegaron a su destino. Cuando comenzaron a descargar la casa, el hombre se dio cuenta de que se le había olvidado llevar la cadena principal. Sin esa cadena, no podía terminar. Estaba muy decepcionado porque estaban muy metidos en el campo, a varias horas del pueblo más cercano. Parecía que él y sus trabajadores tendrían que volver al día siguiente para terminar el trabajo. Estaba a punto de marcharse cuando le dijo a la gente que estaba a su alrededor que iba a orar. En tono de burla, dijeron: "¿Por qué vas a orar?". Él contestó: "Voy a orar para que Dios me dé una cadena". Ahora sí que se rieron, y uno de ellos se burló: "¿Qué crees, que Dios va a hacer que caiga una cadena del cielo?". Todos se estaban riendo de lo que había dicho, pero él respondió: "No sé, pero las Escrituras dicen que no tenemos porque no pedimos, así que voy a pedir". Y oró: "Señor, tú puedes hacer cualquier cosa. Tú controlas el universo. Te pido que me des una cadena para que no tengamos que malgastar un día y volver mañana". Estaban parados al lado de la carretera rural, y había una curva muy grande enfrente de ellos. En ese momento, una vieja camioneta que circulaba a gran velocidad comenzó a acercarse. Tenía la puerta del maletero abierta, y cuando tomó la curva iba demasiado rápido. Una cadena que llevaba en la parte de atrás salió volando y aterrizó justo a los pies del hombre. Él la agarró y dijo: "Tengo mi cadena, amigos. Vamos a trabajar".

A veces, Dios se mostrará en su vida no tanto a causa de usted sino para mostrar a otras personas que el Señor está de su lado. Esos hombres se quedaron petrificados. A partir de ese momento, cuando él oraba, ellos escuchaban en lugar de reírse. ¿Dónde están las personas que harán como este hombre y creerán que Dios quiere mostrar su asombroso poder a través de ellos? ¿Dónde están las personas que creen que Dios quiere hacer de ellas un ejemplo de su bondad? Es muy bueno leer acerca del poder de Dios, es bueno hablar sobre ello y recordarlo, pero Dios quiere que usted lo experimente. Él quiere mostrarse en su vida de una manera nueva. Cuando usted haga como hizo David y ore así: "Dios, haz una muestra de tu favor", entonces Dios hará que sucedan cosas que no solo le asombrarán a usted, sino también a la gente que le rodea.

Una mujer que conozco y una amiga suya estaban en el mismo vuelo cuando su amiga enfermó. Su corazón comenzó a acelerarse, su presión arterial se disparó, y pensaba que se iba a desmayar. Esta mujer no estaba en su asiento cuando se enteró, así que corrió hacia su amiga, se arrodilló a su lado en el pasillo y comenzó a orar por ella. Con todo el jaleo, todo el mundo estaba mirando. Mientras oraba, el pulso del corazón de su amiga comenzó a bajar y el mareo comenzó a desaparecer. El hombre sentado detrás de ellas estaba tan impresionado que le dijo a la mujer: "¿Qué tiene su oración para que pase eso?". Antes de que ella pudiera responder, el avión entró repentinamente en una zona de turbulencias, y el avión comenzó a moverse arriba y abajo. Todo el mundo se aferraba como si no hubiera un mañana, y este episodio hizo que el corazón de su amiga comenzara a acelerarse de nuevo. Esta mujer oró: "Señor, que estos vientos se calmen". En el momento en el que lo dijo, el avión dejó de moverse y volvió a la normalidad. Se detuvieron todas las turbulencias. Los ojos del hombre se abrieron como platos, y preguntó: "Señora, ¿dónde consiguió esa clase de poder?". Ella respondió: "No soy yo; es mi Dios". Cuando usted cree que Dios quiere mostrarse en su vida y tiene la valentía de pedirlo, Dios hará una demostración asombrosa de poder a través de usted, y los demás se darán cuenta.

> *No soy yo; es mi Dios.*

En el libro de Daniel se cuenta la historia de tres adolescentes hebreos que no se postraron ante la estatua de oro del rey Nabucodonosor. El rey se puso tan furioso que hizo que los echaran a un horno de fuego, y cuando los guardias abrieron la puerta del horno, estaba tan caliente que murieron al instante mientras empujaban a los jóvenes dentro. Esos adolescentes debieron haber muerto al instante, pero después de unos minutos el rey miró dentro del horno y vio no solo a tres personas, sino a cuatro, y la cuarta parecía el hijo de Dios. El hecho de que no fueron lastimados fue un gran milagro, pero esa no es la única razón por la que Dios lo hizo. Era para que otros fueran cambiados. Él mostrará su poder a través de usted para que las personas a su alrededor sepan que Él es Dios. Cuando los adolescentes salieron sin un rasguño, el rey Nabucodonosor dijo: "Alabado sea el Dios de Sadrac, Mesac, y Abednego". Tan solo unas horas antes él no creía en su Dios; de hecho, estaba en contra de ellos y en contra de todo lo que ellos representaban y creían. Y ahora alababa a Dios. ¿Por qué? Porque Dios mostró su asombroso poder a través de estos adolescentes.

Eso es lo que Dios va a hacer por usted. Él abrirá puertas que usted no puede abrir, le llevará a nuevos niveles, y hará que supere lo que parece imposible. Después del episodio del horno de fuego, el rey hizo un decreto que decía: "Si alguien habla en contra del Dios de Sadrac, Mesac y Abednego será destruido, porque ningún Dios puede salvar como su Dios". Las palabras no siempre afectan a las personas. Usted puede intentar convencerlos y debatir con ellos, pero cuando vean que usted llega a niveles a los que no pudo haber llegado por sí mismo (como, por ejemplo: cuando le vean salir del horno de fuego, ganar la batalla contra el cáncer, romper esa adicción, cuando vean las cadenas romperse y cómo las oportunidades le persiguen), sabrán que el Señor está de su lado. Al igual que Nabucodonosor, ellos querrán lo que usted tiene. Dios no hará nada de esto en privado, sino que Él le dará una señal pública; algo tan asombroso que las personas se darán cuenta.

## La gente lo verá y sabrá

Antes de convertirse en el apóstol que escribió casi la mitad de los libros del Nuevo Testamento, Pablo se llamaba Saulo. Era el mayor enemigo de la iglesia; arrestaba a los creyentes y los metía en prisión. Pero en el camino de Damasco una brillante luz del cielo lo rodeó. Cayó al suelo, y en ese momento, Dios se reveló a Saulo y este se convirtió en un creyente. Esto fue una gran noticia, un giro inesperado. Con el tiempo, Saulo pasó a llamarse Pablo, y vio cómo sucedían cosas increíbles en su vida. Una vez había naufragado y estaba en la playa de una isla. Cuando fue a recoger algo de leña, una serpiente venenosa mordió su mano, y él simplemente se la quitó de encima y siguió a lo suyo. Nunca le afectó a pesar de que los isleños lo vieron y dijeron que debía haberse hinchado y después haber muerto. En otra ocasión, Pablo y Silas estaban cantando alabanzas en la cárcel a medianoche, en la celda más profunda, cuando hubo un gran terremoto y las puertas de la prisión se abrieron de par en par. Las cadenas se soltaron de sus pies y podían haber escapado. Cuando el carcelero (el encargado de que no se escaparan) vio lo que había ocurrido, estaba tan asombrado que les preguntó: "¿Qué debo hacer para ser salvo?".

La vida de Pablo estuvo llena de estos milagros y demostraciones asombrosas del poder de Dios. En Hechos 26 lo habían arrestado y llevado a la ciudad de Cesarea. En el juicio, se defendió a sí mismo ante el gobernador romano

Festo, el rey Agripa, y varios altos cargos militares. Cuando Pablo les contó acerca de algunos de estos eventos en su vida y de lo que le había llevado hasta allí, dijo: "Estoy seguro de que están familiarizados con estos eventos, porque no fueron hechos en secreto".

Lo que Dios está a punto de hacer en su vida no será hecho en un rincón, oculto donde nadie lo vea. La gente verá el favor, la protección, el ascenso y la abundancia. Algunas personas piensan que usted ha llegado a su límite, y que nunca saldrá de ese problema, nunca se pondrá mejor, y que no tiene el talento. Ellos verán cómo Dios le lleva a niveles que usted jamás había soñado, y verán cómo usted cumple metas más grandes de lo que se podía haber imaginado. No solo le asombrará a usted, les sorprenderá a ellos también, y no sucederá en un rincón secreto. Dios no lo hará en privado, sino que será una demostración pública.

Puede que tenga algunos obstáculos en su camino, y que sienta que está atrapado. Está todo planeado; Dios lo ha permitido para poder mostrarse en su vida. Él está a punto de hacer algo sin precedentes. Prepárese para nuevos terrenos. Prepárese para ir a lugares donde no hubiera podido ir por sí mismo. Cada mañana, levántese y diga, como dijo David: "Dios, demuestra cuánto me amas". Si hace esto, yo creo y declaro que Dios está a punto de mostrar su asombroso poder a través de usted. Se abrirán nuevas puertas y vendrán nuevas oportunidades, sanidad, favor y victorias. La gente sabrá que el Señor está de su lado.

# CAPÍTULO 7

# Favor en la tormenta

Cuando pensamos en favor, pensamos en algo bueno que sucede. Recibimos un ascenso, conocemos a alguien especial o el reporte médico cambia. Sabemos que eso es el favor de Dios. Pero cuando enfrentamos dificultades (las cosas no salen como pensamos, seguimos con el tratamiento médico, nuestras finanzas no han dado un giro, o el ascenso no se produjo), no parece que tengamos favor. Tenemos muchos obstáculos, pero tener favor no significa que no haya dificultades. El favor es lo que impide que esas dificultades nos derroten. Cuando está pasando por un tiempo difícil puede que no lo vea, pero el favor es lo que hace retroceder a las fortalezas de las tinieblas. El favor es lo que impide que esa enfermedad acabe con su vida. El favor es lo que le protegió en ese accidente. Si no tuviera favor, no seguiría aquí; el enemigo le habría aniquilado.

Puede que no lo reconozca, pero usted tiene favor en medio de la tormenta, favor al recibir el tratamiento y favor al lidiar con una adicción. La Escritura dice que el favor de

Dios le rodea. No es algo que viene y va, está con usted tanto en los buenos momentos como en los malos.

## Caminar entre muros de agua

Cuando los israelitas salieron de Egipto hacia la Tierra Prometida, llegaron al Mar Rojo. El faraón acababa de dejarlos ir, pero después cambió de idea y se acercó persiguiéndolos junto con su ejército. Los israelitas no tenían escapatoria. No había donde ir. Moisés levantó su vara y las aguas se dividieron. Esos dos millones de personas comenzaron a caminar sobre tierra seca.

Cuando pensamos en este episodio hoy, *a posteriori*, es fácil ver que ellos tenían favor. Las aguas se dividieron milagrosamente. Pero imagine estar allí, teniendo que caminar entre dos murallas de agua sin saber si en cualquier momento iban a colapsar. Imagínese sujetando fuertemente a sus hijos, con el enemigo que le persigue acercándose. Seguramente era un caos y había mucho ruido. Las personas habían entrado en pánico y a su alrededor estaban sucediendo muchísimas cosas a la vez. Yo no creo que caminaran a través de las aguas juntos y con calma. Estaban asustados, pensando en todo lo que podría salir mal. "¿Qué pasa si estos muros de agua no aguantan y nos ahogamos todos? ¿Y si no cruzamos a tiempo? ¿Qué pasa si el faraón nos captura de nuevo?". Había miles de cosas por las que se podían haber preocupado. No fue hasta que llegaron al otro lado, hasta que estaban de nuevo sobre tierra seca y las aguas cayeron sobre sus enemigos, cuando comenzaron a regocijarse. Entonces supieron que tenían favor. La verdad es que el favor lo habían tenido todo el tiempo, pero simplemente no podían verlo. El favor era lo que aguantaba los muros de agua. El favor es lo que impidió que los enemigos los capturaran de nuevo.

Cuando estamos en medio de una dificultad, a veces no nos damos cuenta de que tenemos favor. Es fácil enfocarse en todas las cosas negativas que podrían suceder. "¿Y si no mejoro? ¿Qué pasa si no puedo encontrar trabajo? ¿Qué pasa si mi hijo no vuelve al buen camino?". Usted podría vivir preocupado, sin poder dormir, y sumido en el pánico. Pero no, viva en paz. Usted tiene favor en la tormenta. Dios está haciendo retroceder a las fuerzas de la oscuridad por usted. Él no está permitiendo que la enfermedad, la adicción o el problema en el trabajo le impidan alcanzar su propósito. Hay una fuerza que trabaja por usted en medio de la tormenta y que es mayor que cualquier fuerza que esté intentando detenerlo.

> *Hay una fuerza que trabaja por usted en medio de la tormenta y que es mayor que cualquier fuerza que esté intentando detenerlo.*

Cuando mire a su alrededor, puede que vea muros de agua. Verá oposición, problemas y enfermedad. Parece aterrador, pero mantenga la perspectiva correcta. Eso no puede derrotarle. Igual que a los israelitas, el favor que Dios puso sobre su vida le hará salir airoso. El enemigo no tiene la última palabra, Dios la tiene, y el propósito que Él tiene para su vida se cumplirá. Ninguna circunstancia difícil puede detenerle, ni la enfermedad ni la adicción, y tampoco ninguna persona. Dios está en control. En lugar de estar frustrado por el problema, estar preocupado por su salud o enojarse por una circunstancia difícil, dele la vuelta. "Padre, gracias porque tengo favor en la tormenta. Gracias porque tu favor impide que mis enemigos me derroten".

## El favor le saca de la tormenta

Es fácil creer que tenemos favor cuando están sucediendo cosas buenas. Lo que quiero que veamos es que tenemos favor cuando estamos entre muros de agua. Tenemos favor cuando los enemigos nos persiguen. Algunas veces estamos tan enfocados en la amenaza y en lo que viene contra nosotros, que no reconocemos que sin la bondad de Dios ni siquiera seguiríamos de pie. El salmista declaró que Dios le ha ungido. Él le mantiene en equilibrio, le da nuevas fuerzas, y sus enemigos no podrán con usted. En medio de esa dificultad, debe recordarse a sí mismo quién es usted. Usted es un ungido. Ha sido escogido por Dios mismo, y Él le ha coronado con favor. Él siempre hace que usted triunfe. Ahora mismo, Él le está sosteniendo y haciéndole más fuerte. Si pudiera ver lo que está sucediendo detrás del telón, podría verlo a Él ahuyentando a la oposición. Lo vería enderezando su camino, y preparando a las personas adecuadas para que le ayuden. En lugar de quejarse por la tormenta, debe decirle al enemigo: "No me derrotarás. Te estás metiendo con la persona equivocada. Puede que me derribes, pero no puedes dejarme fuera de combate. Cuando vengas contra mí, Dios dijo que Él te derrotará y hará que huyas despavorido".

No tiene por qué vivir preocupado, enfocado en los problemas y preguntándose por qué sucedió. Usted sabe un secreto: tiene favor en la tormenta. Sabe que Dios está peleando sus batallas; sabe que lo que era para hacerle daño, Él lo está cambiando para que sea de beneficio para usted, y aquí está la clave: el enemigo no estaría peleando contra usted si usted no fuera una amenaza. No estaría intentando detenerlo si no estuviera usted a punto de encontrarse con algo asombroso. Él sabe que usted está a punto de entrar a un nuevo nivel. Sabe que está a punto de ganar terreno para su familia. Sabe que está a punto de entrar en su tierra prometida, a punto de ver algo que nunca antes ha visto. Él puede sentir que Dios está a punto de superar sus expectativas, así que está trabajando horas extra para intentar que usted se preocupe, se frustre, se vea superado por los problemas, y no espere nada bueno. Pero no, prepárese. El favor está a punto de cambiar las cosas. El favor está a punto de catapultarle a un nuevo nivel. El favor le ayudará a romper esa adicción.

"Pero Joel, si yo tenía favor, ¿por qué tuve estos problemas?". El favor no impedirá la tormenta, pero el favor le saca de la tormenta. Dios no lo habría permitido si Él no tuviera un propósito bueno para usted. No entendemos todo lo que ocurre. A veces la vida no es justa, pero debemos confiar en que Dios sabe lo que está haciendo.

## No lo verá más

Antes de que el Mar Rojo se dividiera, los israelitas podrían haber pensado: *Dios, dijiste que íbamos a la Tierra Prometida. Nos sacaste de la esclavitud. ¿Por qué cambiaste de opinión? ¿Por qué vas a dejar que faraón y sus hombres nos capturen de nuevo?* Para ellos no tenía sentido, pero los caminos de Dios no son nuestros caminos. Cuando las aguas se dividieron, los israelitas pasaron sobre tierra seca; pero cuando el faraón y su ejército cruzaron persiguiéndolos, las aguas se cerraron de nuevo y todos se ahogaron.

A veces Dios le hará pasar por una dificultad para deshacerse de lo que le persigue. Usted conseguirá atravesar la tormenta, pero lo que no necesitaba, lo que iba a ser un estorbo en el futuro (la adicción, la disfunción, la relación tóxica) no conseguirá vencer. Si aquellos enemigos no se hubieran ahogado, los israelitas habrían vivido con la constante amenaza de que el faraón y sus hombres podrían aparecer en cualquier momento para intentar capturarlos de nuevo. Por lo tanto, sí, fue estresante pasar en medio de los muros de agua, y estoy seguro de que no disfrutaron de ser perseguidos por sus enemigos, pero Dios tenía un propósito.

Puede que no le guste la dificultad. Quizá no parezca

justo, pero usted saldrá de esa tormenta siendo libre de cosas que le hubieran estorbado toda su vida. Dios les dijo a los israelitas que los enemigos que veían en ese momento ya no los verían más. Dios le dice eso a usted. Esa adicción que le ha estorbado durante años no es permanente. Cuando pase por la tormenta, no la verá más. Esa enfermedad, esos problemas en el trabajo, o la soledad que experimenta no son su destino. Vienen nuevas oportunidades. Se acerca la libertad, la sanidad y la abundancia.

Lo que intenta detenerle es tan solo temporal. No se desanime por la tormenta. Dios le tiene en la palma de su mano. Él no le envió a la tormenta solo; está ahí con usted. El enemigo no podrá acabar con usted, porque Dios tiene un vallado de protección a su alrededor. Él controla los muros de agua. Puede que parezca aterrador, pero Él está deteniendo la oposición. Igual que con los tres adolescentes hebreos que fueron echados al horno de fuego en el libro de Daniel, a quienes men-

> *Dios le tiene en la palma de su mano.*

cioné en el capítulo anterior, Dios es el cuarto hombre en el fuego. Usted no está ahí dentro solo; el favor está en el fuego con usted.

Cuando aquellos adolescentes salieron del horno sin un rasguño y sin oler a humo, todos sus enemigos tenían ahora una perspectiva diferente. Sabían que había algo especial en ellos, y que habían sido ungidos. El rey incluso dijo: "De ahora en adelante, adoraremos a su Dios". A ellos no les gustó pasar por el horno, pero Dios usó esa dificultad para librarlos de lo que les hubiera estorbado durante toda su vida. Dios hizo que sus enemigos cambiaran de opinión y les dio un nuevo respeto, y puede que lo que usted esté atravesando no se trate solo de usted. Se trata de que Dios lo libere de lo que le estorba. Él le está situando en una posición en la que pueda alcanzar la plenitud de su destino.

## Favor en medio de la escasez

La Escritura nos dice que no nos dejemos intimidar por nuestros enemigos. No se deje intimidar por ese cáncer. No es rival para nuestro Dios. Él creó su cuerpo. No se deje intimidar por las dificultades financieras. El no tener suficiente, sufrir de escasez y batallar en esta área no son su destino. Usted siga honrando a Dios y siendo la mejor versión de sí mismo, y llegará a un punto en el que ya no verá eso más. Hay favor sobre su vida que hará que usted prospere incluso en un desierto; florecerá incluso en medio de la escasez, y no tiene que deshacerse de las dificultades para tener éxito. No tiene que cambiar de trabajo, vecindario o posición. Usted tiene favor en medio de la escasez. Dios hará que tenga éxito en medio de las dificultades.

Esto es lo que sucedió con Isaac. En Génesis 26 hubo una gran hambruna en la tierra. Isaac iba a mudarse a otro país para salir de aquella hambruna y encontrar un lugar en donde poder plantar sus cosechas, tener buena tierra y abundancia de agua; pero Dios le dijo que se quedara donde estaba, que no dejara ese lugar, y que Él le bendecía a él y a sus descendientes. Dios estaba diciendo: "Isaac, no tienes que ir a otro lugar para encontrar favor. Tú tienes favor en medio de la escasez, y voy a bendecirte. Te haré prosperar al margen de cómo se vea la situación". Lógicamente, no tenía sentido. La tierra estaba dura y seca, y no había suficiente agua para regar sus cosechas. Isaac podía haberse convencido a sí mismo de que debía irse, pero entendió este principio de que tenía favor en medio de la escasez. Plantó todos sus campos en medio de la sequía. Puedo imaginarme a sus vecinos, los filisteos, diciendo: "¿En qué estará pensando este hombre? Está malgastando su tiempo y toda esa buena semilla. ¿Acaso no sabe que en medio de una hambruna no crece nada?". Sin embargo, la Escrituras nos dice que ese año la cosecha de Isaac fue tremenda. Cosechó cien veces más de lo que había plantado porque el Señor lo bendijo, y se hizo muy rico.

Fíjese en que Isaac no tuvo que salir de la hambruna e ir a otro lugar para ser bendecido. Tuvo favor en medio de la escasez. Dios puede darle aumento a pesar de lo que esté sucediendo a su alrededor. No se queje porque no tiene algo que quiere. "Joel, si mi supervisor reconociera mi trabajo... Si pudiera mudarme fuera de este vecindario... Si el negocio no fuera tan lento...". Hay favor sobre su vida ahora mismo que puede hacer que usted prospere. Pero mientras piense que tiene demasiadas desventajas y esté esperando a salir de la escasez para empezar a creer y ser la mejor versión de sí mismo, estará limitado. Haga lo que hizo Isaac.

"Padre, gracias porque sé que tengo favor en medio de la escasez. Gracias porque tú estás abriendo puertas que ningún hombre puede cerrar, haciendo que destaque y trayendo nuevas oportunidades. Gracias porque cualquier cosa que toque prosperará y tendrá éxito". Su trabajo no es su fuente. Dios es su fuente. Él puede bendecirle de maneras inusuales. Él no está limitado por su salario, por su formación o por su experiencia. Él tiene maneras de hacerle aumentar que usted nunca hubiera pensado. Él puede hacer que las personas sean buenas con usted, puede traer oportunidades y puede darle ideas y creatividad.

## La limitación está en su propio pensamiento

Recientemente, un hombre me contó que había recibido una herencia de un familiar al que nunca había conocido. De hecho, ni siquiera sabía que eran familia porque no tenían el mismo apellido. Primero pensó que era un error, pero ese único acontecimiento hizo que sus finanzas se desbordaran. No lo vio llegar. Dios tiene bendiciones inesperadas y cosas que usted no verá venir. "Bueno Joel, no conozco ningún familiar así". Él tampoco, pero ellos lo encontraron. La Escritura nos habla acerca de que cuando honramos a Dios y lo ponemos a Él en el primer lugar, sus bendiciones nos persiguen. Usted no tiene que ir tras ellas, sino que ellas llegarán a usted.

Pero a menudo nos enfocamos en las condiciones que

nos rodean. "No puedo esperar nada bueno. Estoy en un periodo de escasez". Dios no está limitado por nuestras circunstancias, por la economía, por su trabajo, por su familia o por su formación. Él es dueño de todo. Como con Isaac, un solo toque de su favor le llevará a usted y a su familia a un nuevo nivel. La Escritura dice que las riquezas de Isaac continuaron creciendo. Adquirió rebaños grandes de ovejas y cabras, manadas de ganado, y tenía muchos empleados. Todo esto comenzó cuando él creyó que tenía favor en medio de la escasez. Podría haberse enfocado en sus circunstancias y haber vivido con una mentalidad limitada. "No puedo plantar aquí. No puedo esperar nada bueno. Estoy en medio de una sequía". En lugar de eso, se atrevió a creer.

¿Está usted dejando que las circunstancias que le rodean le convenzan de no perseguir aquello que Dios puso su corazón? ¿Está pensando que tendrá favor algún día, cuando salga de este periodo de escasez, cuando su compañía le ascienda o cuando consiga la formación? No, usted tiene favor

> *El favor es lo que le catapultará a un nuevo nivel.*

ahora mismo. El favor es lo que le da ventaja. El favor es lo que le catapultará a un nuevo nivel, y hará que sucedan cosas que usted no vio llegar.

Hace unos años atrás, mi hermana Lisa y su marido Kevin iban a vender su casa. Por lo general, las casas en su vecindario estaban tardando entre seis meses y dos años en venderse, y ellos no podían comprar su nueva casa hasta que vendieran la antigua. Ellos podrían haber pensado: *Qué*

*desgracia, la espera va a ser larga. Escogimos el momento equi-
vocado para vender.* En lugar de eso, como hizo Isaac, ellos
creyeron que tenían favor en medio de la escasez, y oraron
pidiéndole a Dios que su casa no solo se vendiera rápidamente,
sino que también la vendieran por el precio que pedían. El
primer día que salió al mercado, una mujer llegó y dijo: "Yo
la compro, y si la quitan del mercado les pagaré más de lo
que piden por ella".

Dios no está limitado por las condiciones que le rodean.
Él está limitado por nuestro pensamiento. ¿Por qué no le
quita los límites a Dios? Deje de pensar en todas las razones
por las que no puede ser bendecido, no puede cumplir sus
sueños, no se pondrá mejor o no conocerá a la persona adecuada. Puede que usted no vea un camino, pero Dios tiene
un camino preparado. Cuando usted cree, todo es posible.
Isaac fue tan bendecido que la Escritura dice que los filisteos
tuvieron envidia de él. Las mismas personas que se rieron
de él por plantar en medio de la hambruna y le dijeron que
estaba malgastando su tiempo, ahora estaban enojados porque
él estaba siendo bendecido.

Es gracioso ver cómo las personas que no están dispuestas
a hacer lo que usted hace se ponen celosas cuando usted es
bendecido y ellos no. Usted se atrevió a dar el paso de fe.
Se atrevió a orar, a expandirse, a plantar y a creer. Ahora
usted está viendo crecimiento y favor. No se sorprenda cuando
lleguen los filisteos. La oposición no se pone contenta cuando
le ven a usted ascendiendo. Encontrarán sus faltas, le criti-
carán, e intentarán que usted muerda el cebo del conflicto.

Pero usted simplemente corra su propia carrera; no tiene nada que ver con usted. Es por el favor que hay sobre su vida. No deje que los rumores, los comentarios negativos, la envidia o los celos le distraigan. Usted no tiene por qué dar cuentas a las personas. No tiene que demostrar nada. Enfóquese en sus metas y Dios se encargará de los filisteos. Él se encargará de la oposición.

## La oposición le hará ascender

En el capítulo 2 hablé sobre un hombre llamado Zorobabel que estaba reconstruyendo el templo en Jerusalén. Había sido destruido dos años antes y el rey había emitido un decreto para que se reconstruyera. Todo iba genial. Él había construido los cimientos y el altar. Entonces llegó la oposición; la gente que no quería que fuera reconstruido. Comenzaron a sobornar a los obreros, a pagar a algunas personas para que causaran problemas y a incitar toda clase de confusión. Zorobabel podría haber pensado: *Dios, estoy haciendo lo que me pediste, pero mira cuánta oposición. Estas personas poderosas están en mi contra.* No parecía que tuviera favor. Parecía que sus enemigos se estaban saliendo con la suya, pero no podemos ver lo que Dios estaba haciendo entre bastidores. Puede que parezca que esa determinada situación le detendrá, pero si mantiene la fe Dios lo usará para ascenderle.

La gente que se oponía a la reconstrucción envió una carta a su rey, mintiendo acerca de Zorobabel y diciendo: "Las

personas que están reconstruyendo el templo son gente mal-
vada. Intentarán destronarlo y no pagarán impuestos. Será un
gran error". Como respuesta, el rey ordenó que el trabajo del
templo cesara, y la obra estuvo detenida por diecisiete años.
Entonces los profetas Hageo y Zacarías animaron a Zorobabel
y al pueblo a continuar el trabajo en el templo a pesar de
la orden. Cuando el gobernador de la región le preguntó a
Zorobabel quién le había dado permiso para reconstruirlo, él
le respondió al gobernador: "Nosotros somos siervos del Dios
altísimo, y aquí había un templo que fue construido por un
importante rey de Israel hace años. Su rey Ciro emitió un
decreto para que este templo fuera reconstruido". Así que el
gobernador le pidió al rey que buscara en los archivos rea-
les, y encontraron el decreto del rey Ciro. Entonces el rey
hizo un nuevo decreto dirigido especialmente a la oposición,
que decía: "No impidan el trabajo de esta gente. Permitan que
reconstruyan el templo. Y no solo eso, sino que decreto que
ustedes deben ayudarles. Deberán usar mis fondos para pagar
el costo total de la reconstrucción, y deben llevarles comida
y provisiones cada día". Ellos lo habían hecho para hacer
daño, pero Dios lo cambió e hizo que fuera para bien.

Puede que haya personas y circunstancias que se pon-
gan en su contra. Dios sabe cómo hacer que eso se dé la
vuelta. La oposición intentaba detener a Zorobabel, pero acabaron teniendo que ayudarle. Sin su oposición, él no hubiera
conseguido que el templo estuviera pagado en su totalidad.
Y no solo eso, también tenían que llevarle comida todos
los días. Dios ha dicho que Él preparará una mesa delante

de usted en presencia de sus enemigos. A veces Él incluso hará que sus enemigos le sirvan la cena. Casi puedo oír a Zorobabel diciendo: "¿Puede ponerme un poco de kétchup en las papas fritas?". Dios sabe cómo reivindicarle. Cuando las personas intenten detenerle o suscitar problemas, esté en paz. Al final les saldrá el tiro por la culata. El salmista expresó que al final, el enemigo caerá en la trampa que prepare para usted. Dios está trabajando de manera que usted no puede ver.

> *Al final, el enemigo caerá en la trampa que prepare para usted.*

Quizá parezca que hay mucha oposición, pero la verdad es que la mano de Dios le está preparando para el ascenso.

## A veces el favor está oculto

Cuando enfrente desafíos difíciles que no entienda, eso no significa que de alguna forma ha salido de la cobertura de favor de Dios o que Dios se ha olvidado de usted. Está todo medido; todo es parte del plan de Dios para llevarle al siguiente nivel. Puede que no le gusten algunas de las cosas que le frustran (la gente que está en su contra, las puertas que se cierran o las decepciones), pero sin ellas no podría llegar a la plenitud de su destino. El hombre llamado Job del que nos hablan las Escrituras nunca habría recibido el doble de todo lo que tenía si Dios no hubiera permitido que fuera probado y pasara por la adversidad y situaciones injustas. En el capítulo 10 del libro de Job dice que Dios le había concedido favor. Lo interesante es que no vio todo restaurado hasta el capítulo 42. En medio de la dificultad, cuando parecía que todo había ido mal, en lugar de quejarse, Job estaba diciendo: "Padre, gracias porque tengo tu favor". Él entendió este principio de que tenía favor en medio de la dificultad; favor cuando no parecía haberlo.

A veces el favor está oculto. Usted no puede verlo en la tormenta, en la traición o en la pérdida. La gente podría mirarle y pensar: *Usted no tiene favor. Está batallando y lidiando con esa enfermedad. Esas personas en su trabajo le están estorbando.* Puede parecer que está atrapado, pero usted no puede ver lo que sucede entre bastidores. No sabe lo que Dios está haciendo. Meses después de que Job entró en un tiempo de dificultades, no solo salió, sino que salió con el doble de lo que tenía antes. Lo que parece que le impedirá llegar a su destino en realidad le lanzará a un nuevo nivel en su destino. Esos obstáculos no le detendrán, sino que le harán llegar más alto.

> Puede parecer que está atrapado, pero usted no puede ver lo que sucede entre bastidores.

Mantenga la perspectiva correcta. No tiene por qué vivir preocupado o asustado porque está entre dos muros de agua. Usted tiene favor en la tormenta y en los tiempos de escasez. Ahora mismo, Dios está haciendo que las fortalezas de las tinieblas retrocedan. El favor impide que sus enemigos lo derroten. Puede que determinadas cosas hayan sido hechas para hacerle daño, pero prepárese. Yo creo y declaro que la situación está a punto de darse la vuelta. Igual que sucedió con Zorobabel, usted está a punto de ver lo que Dios ha estado haciendo entre bastidores. Las personas que estaban en su contra repentinamente estarán a su favor. Los problemas están a punto de darse la vuelta, y vienen de camino bendiciones inesperadas, nuevas victorias, vindicación, ascenso y sanidad.

# CAPÍTULO 8

# El tiempo establecido para el favor

En el Antiguo Testamento, los israelitas tenían diferentes fiestas que debían guardar cada año. Estas fiestas, como la Pascua judía y la fiesta de las Semanas (Pentecostés), estaban establecidas basadas en los ciclos lunares y otros criterios específicos. Los tiempos habían sido establecidos por Dios y no podían cambiarse. Eran ocasiones especiales que Dios había apartado para bendecir a su pueblo; Él ya había establecido cuándo mostrarles favor.

Igual que sucedía con ellos, hay momentos que ya han sido establecidos por Dios para mostrarse en nuestra vida. Todos podemos mirar atrás y ver esos momentos en los que tuvimos una oportunidad que no merecíamos y las cosas se alinearon a la perfección, o tal vez nuestra carrera despegó. Después de que las cosas fueran rutinarias y mediocres durante años, entramos a una etapa de crecimiento, de mejora y de bendición. ¿Qué fue eso? Un tiempo establecido para el favor.

Recientemente hablé con un hombre que había tenido dolores de espalda durante ocho años. Se había dañado la espalda jugando al fútbol americano en la universidad. Le habían operado, había estado en diferentes tratamientos, rehabilitaciones, y tomaba pastillas para el dolor. Pero nada parecía ayudarle. Él ya había decidido que tenía que vivir con ese dolor durante el resto de su vida. Pero aproximadamente seis meses antes de que habláramos, de repente comenzó a mejorar cada vez más. Me contó: "Joel, no sé cómo sucedió. Los médicos no pueden explicarlo, pero ahora estoy completamente libre de ese dolor". Igual que los israelitas, entró en uno de estos tiempos establecidos para él.

## Es una nueva etapa

Los Salmos hablan de que el favor de Dios nos rodea como un escudo. No es algo que viene y va. El favor está siempre con nosotros, pero hay momentos establecidos en los que el favor de Dios se hará más patente. Momentos establecidos en los que Dios le sacará del segundo plano y le pondrá en el primer plano. Momentos establecidos en los que Dios acelerará sus sueños y hará que las cosas sucedan más rápido de lo que pensaba. Momentos establecidos, como sucedió con mi amigo, cuando usted comenzará a mejorar a pesar de que el reporte dice que eso no sucederá, y cuando el problema cambiará inesperadamente, aunque parece imposible.

Debe prepararse. Creo que usted acaba de entrar en uno de sus tiempos de favor establecidos. Tal vez ha estado batallando y todo ha parecido ir cuesta arriba, pero usted verá una unción de alivio. Dios va delante de usted, y Él hará que las cosas se alineen a la perfección. En el trabajo ha estado haciendo las cosas arduamente y lo mejor que ha podido, pero no está recibiendo el mérito que merece porque algunos de sus compañeros están jugando a ser políticos. No se preocupe. En el momento establecido, Dios le ascenderá. Él le empujará hacia arriba y le pondrá en alto. O tal vez usted ha pasado por algunas relaciones que no funcionaron, y ahora piensa que siempre estará solo. No, en este tiempo establecido, Dios traerá una conexión divina; alguien mejor de lo que usted pudiera haber imaginado. Ya está planeado que esa persona se cruce en su camino. Puede que ahora no vea la manera en que esto sucederá. Su mente le dirá: "Nunca te pondrás bien". "Nunca conocerás a la persona adecuada". "Nunca se cumplirá ese sueño". No se crea esas mentiras. El Creador del universo ya ha establecido los tiempos asignados para usted. Su poder es más grande que cualquier fuerza que intente llegar en su contra.

> *Creo que usted acaba de entrar en uno de sus tiempos de favor establecidos.*

Ahora haga su parte y póngase de acuerdo con Dios. "Señor, yo creo que este es mi momento de favor establecido. El reporte médico puede no parecer bueno, pero creo que este es mi momento establecido para mejorar". "Mi sueño parece que va a tardar años en cumplirse, pero Señor, quiero darte gracias porque este es mi momento establecido para que las cosas se aceleren".

Puede que haya intentado hacer algunas cosas en el

pasado, pero no funcionaron. El negocio no tuvo éxito. No le concedieron el préstamo. La dieta no funcionó. Tiene que probar otra vez; esta es una nueva etapa.

Un hombre que conocí en el vestíbulo de la iglesia me contó que tenía el sueño de comenzar su propio negocio. Lo inició, y todo iba bien. Estaba emocionado, pero se encontró con una serie de obstáculos. Desgraciadamente, su negocio no sobrevivió. Pensaba que era el final, y que nunca sucedería. No; simplemente no era el momento oportuno. No renuncie a lo que Dios le ha prometido. No permita que ese sueño muera. Puede que en el pasado no haya sucedido, pero usted ha entrado en un tiempo establecido. Dios tiene favor que le está esperando, ideas que le están esperando y las personas correctas que le están esperando. Inténtelo de nuevo.

La Escritura dice que los justos caen siete veces, pero el Señor los levanta. No le concedieron el préstamo porque no cumplía los requisitos para comprar aquella casa nueva. Inténtelo de nuevo. Usted está en un tiempo establecido de favor. Intentó perder peso y volver a ponerse en forma, pero no funcionó. Inténtelo de nuevo. Dios está soplando sobre su vida de una manera nueva. Él le ha dado las habilidades, la determinación y la fuerza para hacer lo que no pudo hacer en el pasado. Ahora, a lo largo de todo el día, pero especialmente en los momentos difíciles, diga: "Señor, gracias porque este es mi momento de favor establecido. Gracias porque me ayudas a hacer lo que no puedo hacer por mí mismo".

## Su momento ha llegado

En el Salmo 102, el salmista estaba pasando por un tiempo extremadamente difícil y comenzó a orar. No se dejó ningún detalle cuando comenzó a hacer una lista con todos sus problemas. Le dijo a Dios que estaba enfermo; prácticamente en los huesos, y que no podía dormir. Que había perdido todos sus ingresos y se sentía solo. Sus amigos le habían dejado y sus enemigos lo provocaban día y noche. Que estaba prácticamente sentado en medio de un montón de cenizas. Durante once versículos sigue contando lo miserable que es su vida, y que se siente sobrepasado por sus problemas. Leerlo es suficiente para hacernos sentir deprimidos. Pero justo en el momento en el que parece que va a rendirse y a tirar la toalla, en el versículo 12 declara: "Pero tú, Señor, reinas eternamente; tu nombre perdura por todas las generaciones. Te levantarás y tendrás piedad de Sion, pues ya es tiempo de que la compadezcas. ¡Ha llegado el momento señalado!". Sion es la iglesia. Usted puede poner su propio nombre donde dice Sion. "Te levantarás y tendrás piedad de Linda, pues ya es tiempo de que la compadezcas. ¡Ha llegado el momento señalado!". "Te levantarás y tendrás piedad de toda esa gente de Lakewood, pues ya es tiempo de que la compadezcas. ¡Ha llegado el momento señalado!". En medio de esta canción triste, en medio de esta lista de todas sus dificultades, en el fondo, él sabía que había un tiempo de favor establecido en su futuro. En ese punto, los israelitas habían pasado por setenta años de dificultades y todo tipo de obstáculos. Dios dijo: "No se preocupen; las cosas están a punto de cambiar".

Usted ha entrado a su tiempo establecido para el favor. La Escritura dice que Dios se levantará y tendrá misericordia. En este tiempo establecido, Dios se encargará de sus enemigos. Usted no tendrá que pelear esas batallas; el Altísimo se levantará. Y cuando Él se levante, los enemigos serán dispersados. Cuando Él se levante, la enfermedad será derrotada y las adicciones serán rotas; la escasez, las dificultades y la pobreza llegarán a su fin. Él va delante de usted limpiando el camino, haciendo retroceder a las fuerzas de la oscuridad y haciendo un camino donde no lo había.

En este tiempo establecido, usted no volverá a ver a los enemigos que ha visto en el pasado. Este es un nuevo día para las adicciones, los malos hábitos y las cosas que usted no ha sido capaz de superar. Dios se está levantando. Este es su tiempo establecido para la libertad y para la sanidad.

> *Dios se está levantando.*

Los obstáculos en su carrera, la falta de oportunidades, la incapacidad para superar ciertas dificultades… las cosas están a punto de cambiar. Dios pelea sus batallas, haciendo que usted destaque y llevándolo de la oscuridad a la prominencia. Este es un tiempo establecido para que Dios le impulse a donde usted no podría llegar por sí mismo.

No se convenza a usted mismo de lo contrario. Puede que sienta que está en los versículos uno al once del salmo ahora mismo. Igual que ese hombre, seguro que usted tam-

bién puede pensar en buenas razones por las que no mejorará y no tendrá éxito. "Hay mucha gente poderosa que está
en mi contra". "Tengo esta enfermedad médica que parece
permanente". "No tengo la experiencia, los recursos, o las
conexiones para tener éxito de verdad". Puede que todo eso
sea cierto, pero no se detenga en el versículo once. Siga
leyendo los versículos doce y trece. Atrévase a decir: "Pero
tú, Señor, reinas eternamente, y has establecido este tiempo
para mostrarme favor". Lo que Dios levanta nadie puede
tirarlo abajo. La enfermedad no puede llevarse algo en lo que
Dios ha soplado vida. Todas las fortalezas de las tinieblas
no pueden maldecir lo que Dios bendice. Nuestra actitud
debería ser la siguiente: *Sí, este obstáculo parece grande, o esta
enfermedad, o esta situación legal. Pero conozco un secreto: Dios
reina eternamente y Él ha establecido este tiempo para que yo
salga victorioso. Este es mi momento establecido para las nuevas
oportunidades. Este es mi momento establecido para vivir en
victoria.* Deberíamos decir: "Dios se levantará".

Déjeme decirle que cuando Dios se levanta, el enemigo
tiembla. Cuando llegue su tiempo establecido, Dios no se
quedará sentado y distraído. Sí, todos tenemos etapas de pruebas en las que tenemos que mantenernos firmes y demostrarle
a Dios que seremos fieles. Pero en este momento establecido
para el favor, Dios se levanta y dice: "Está bien, es suficiente.
Déjame que trabaje". Él detendrá lo que intenta detenerlo a
usted. Él ha dicho que el enemigo caerá en la misma trampa
que había preparado para usted. Él ha dicho que ningún
arma forjada contra usted prosperará. No se deje intimidar.

Usted no es débil. Usted no es insuficiente. El Dios altísimo se ha levantado a su favor, y Él le cubre las espaldas. Él está diciendo: "Es tu tiempo establecido para el favor, tu tiempo establecido para la sanidad y para que las cosas se aceleren".

Ahora usted debe dejar que esta semilla se arraigue en su interior. Tenga esta expectativa toda la semana y diga: "Señor, gracias porque es mi tiempo establecido para el favor, y porque me estás dando poder para hacer lo que no podía hacer antes. Señor, gracias porque estás haciendo que destaque, estás atrayendo a las personas correctas hacia mí, y tus bendiciones y tu favor me están alcanzando". "Bueno, Joel, yo creo que algún día eso me sucederá". No, le estoy pidiendo que reconozca el ahora. Hoy es su tiempo establecido para el favor; no dentro de tres meses, o dentro de seis años. Dios ha dicho que el momento de mostrarle favor es ahora.

## Está sonando la alarma

Hay momentos que Dios ya ha apartado para mostrarse en su vida. Yo creo que este es uno de sus momentos. Usted está viviendo una etapa de favor, de crecimiento y de que las cosas se aceleren. Tendrá una confianza nueva para hacer cosas que antes no podía hacer, y verá resurgir sus dones y talentos de manera aumentada. Dios le dará más influencia, más prominencia y una plataforma mayor de alcance. Su rostro brillará sobre usted y hará que destaque. Las cosas están a punto de cambiar para aquellos familiares que se han desviado del camino y que parece que siempre toman malas decisiones. Esas fuerzas se están rompiendo y comenzarán a tomar buenas decisiones que honren a Dios. La gente pensará: *¿Cómo pudieron cambiar tan rápido?* Esta es la respuesta: usted entró en un momento establecido de favor; un momento ya designado por el Creador del universo.

Piense en lo que es un momento establecido. A veces, por la noche usted pone la alarma de su reloj o de su teléfono para que suene en la mañana. "Quiero despertarme a las 6:30", dice, y asigna la hora y los minutos. Ese es el momento establecido. O tal vez está cocinando algo que tarda una hora, y pone el temporizador del horno a sesenta minutos. A continuación, toca esperar, pero cuando la alarma suena usted no sigue esperando. El momento establecido ha llegado y usted cambia de posición y de postura, sacando la comida porque está hecha. O como en el ejemplo anterior, se levanta porque ha llegado la mañana.

Yo creo que Dios nos está diciendo: "Está sonando la alarma; ha llegado el momento establecido". Cambie su posición y su actitud de: *No creo que suceda jamás,* a: *Señor, gracias porque ya está aquí. Gracias porque mi momento establecido para el favor ha llegado.* Comience a esperar la bondad de Dios. La vida puede hacerse tan rutinaria que llegamos a no estar realmente desatando nuestra fe. Hemos sido engañados para pensar: *Oh, eso nunca sucederá en mi vida. Ha pasado demasiado tiempo y nunca mejoraré. Nunca conoceré a la persona adecuada.* No, cada mañana cuando se despierte, imagine que está sonando la alarma. Dios está diciendo: "Es el momento

> *Es el momento del favor. Es el momento de la sanidad. Es el momento de que las cosas se aceleren. Es el momento de bendición".*

establecido". Nuestra actitud debería ser: *Este es mi día del favor. Este es el día del crecimiento y de conexiones divinas.* No debería ser: *Tal vez un día sucederá.* No, usted debe declarar: "Yo sé que hoy es mi día. En fe puedo oír que suena la alarma. Es el momento del favor. Es el momento de la sanidad. Es el momento de que las cosas se aceleren. Es el momento de bendición".

Lo que quiero decir es que es la hora de ver nuevas oportunidades, es hora de ver victoria y es la hora de ver abundancia. Yo he visto este momento establecido en mi propia vida, por lo que me es fácil animarle. Yo no debería estar en el lugar donde estoy; no me preparé para hacer lo que estoy haciendo. Yo no planeaba ser ministro y nunca pensé poder ponerme delante de una audiencia. Cuando mi papá se fue con el Señor y yo pasé a ser pastor de la iglesia, nunca podríamos haber soñado que crecería. Pensábamos que sería una victoria si podíamos mantener lo que mis padres habían construido. Pero lo que experimentamos es la soberanía de Dios. Yo entré a un momento establecido de favor que el Creador del universo había preparado para mí antes de ser formado en el vientre de mi madre. Dios ya había preparado esto: "Este es el tiempo en el que me mostraré en la vida de Joel". Yo no podría haber hecho que sucediera. No podría haber orquestado la compra del Compaq Center, o la influencia o el crecimiento en mis propias fuerzas. Era la mano de Dios llevándome donde yo no podía ir por mí mismo. Dios estableció el tiempo para que nosotros tuviéramos nuestro edificio. Él estableció el momento en el que conocería a Victoria, y estableció el momento en el que mi mamá sería sanada de cáncer terminal.

De la misma manera, Dios ya ha diseñado esos momentos de favor para usted. Él ya ha establecido el momento. Usted está en medio de uno de ellos ahora mismo; una etapa en las que las cosas se aceleran, una etapa de mayor influencia y una etapa en la que Dios quiere mostrarse en su vida. Pero si esto ha de suceder, en el fondo de su espíritu debe oír la alarma sonando. A través de sus ojos de la fe debe ver a Dios levantándose, peleando sus batallas, quitando obstáculos de su camino y preparando la senda para que usted entre a un nuevo nivel de su destino.

## Ventanas de oportunidad

Hablé con una mujer joven que se mudó a Houston desde otro estado. Ella había intentado comenzar su negocio en el noreste, pero las cosas no habían funcionado y sentía que debía dar un paso de fe y mudarse aquí. Durante el viaje de trece horas en auto hasta Texas escuchó mis mensajes en Sirius XM y no apagó la radio ni un momento. Yo me cansaría de escucharme a mí mismo durante trece horas. Cuando escuchó un mensaje acerca de cómo Dios puede acelerar nuestros sueños y hacer que las cosas sucedan más rápidamente de lo que pensamos, algo cobró vida en su interior. Ella pensó: *Sí, eso es para mí.* Comenzó trabajando en su nuevo puesto como vendedora y, siendo realista, ella sabía que le tomaría un tiempo reunir una clientela y hacer que todo comenzara a marchar. Pero dijo que en el primer mes había vendido más de lo que había vendido en todo el año anterior en el lugar de donde provenía. Estaba muy emocionada, y me dijo: "Joel, todavía quedan seis días de este mes, ¡y sé que venderé incluso más!". ¿Qué sucedió? Que ella entró a su momento de favor establecido, su momento establecido para que las cosas se acelerasen. Pero me pregunto qué habría sucedido si ella hubiera pensado: *Nunca veré favor. Nunca veré cómo las cosas se aceleran. Va a ser difícil comenzar desde cero en una ciudad nueva.* Eso habría limitado su destino.

Dios trabaja allí donde hay fe. Puede que en lo natural usted no vea cómo puede suceder. Está bien; Él es un Dios sobrenatural. Usted no tiene que entenderlo todo. Lo único que tiene que hacer es creer. No limite a Dios y atrévase a hacer lo que ella hizo, y diga: "Dios, de la misma manera que en el Salmo 102 prometiste que era el tiempo establecido de favor para Sion, yo sé que yo soy Sion, yo soy la iglesia; así que creo que es mi momento establecido para el favor, para que las cosas se aceleren y para ir a otro nivel".

> Usted no tiene que entenderlo todo. Lo único que tiene que hacer es creer.

El otro día llamó una mamá y nos contó que tiene un hijo con algunas dificultades físicas, al cual hace poco le había dado un infarto y necesitaba atención constante. Esta mamá es viuda y no podía permitirse dejar su empleo. Cerca de donde ella vivía hay unas instalaciones de prestigio en las que se ofrece cuidado para personas con discapacidad, pero cuando pidió información le dijeron que había una lista de espera de diez años para entrar. Ella no sabía qué hacer. Esta mujer no fue criada en la iglesia y no tenía trasfondo espiritual alguno, pero a través de vernos por televisión había conocido al Señor. Ella me escuchó hablar acerca de cuando las cosas se aceleran. A su manera, con una fe como la de un niño, dijo: "Dios, ellos dijeron que mi hijo tardará diez años en entrar, pero Señor, yo creo que tú puedes hacer que suceda antes". Tres semanas después, el centro le llamó de nuevo: "Ha surgido una vacante inesperadamente. Nos encantaría poder cuidar a su hijo". Lo que debió haber tomado diez años, Dios lo hizo en una fracción del tiempo. Un momento establecido para el favor. Un momento que Dios ya había designado.

El denominador común de estas dos señoras es que desataron su fe. Estaban expectantes. Si la mamá del hijo discapacitado hubiera pensado: *Oh, genial, diez años. Menuda suerte tengo. ¿Qué voy a hacer ahora?*, tal vez la puerta no se hubiera abierto. Tal vez el momento establecido se hubiera demorado. En lugar de ser negativas y echarse atrás, estas dos mujeres actuaron como si la alarma estuviera sonando. Cambiaron su posición y su actitud, e incluso se atrevieron a pedirle a Dios lo que parecía imposible.

Cuando la alarma está sonando y es su momento, hay

una ventana de oportunidad abierta, pero no durará para siempre. No deje que las voces negativas le convenzan de que nunca va a mejorar, de que nunca saldrá de la deuda, de que su hijo nunca entrará porque hay demasiadas personas esperando antes de usted. No, en este momento establecido, Dios sabe cómo llevarle de atrás hacia delante. Él puede abrir puertas que ningún hombre puede cerrar, y le llevará a donde usted no puede llegar por sí mismo.

## Cadenas rotas

Mi papá tenía una hermana que se llamaba Mary, y por años ella batalló con una enfermedad que hacía que tuviera convulsiones violentas y terribles dolores de cabeza. Era tan grave que le impedía vivir una vida normal. Llegó un momento en el que comenzó a tener alucinaciones y su mente comenzó a entrar en confusión. Estuvo en el hospital durante mucho tiempo y finalmente la mandaron a casa. No podía reconocer a la gente ni comer por sí misma; necesitaba cuidados las veinticuatro horas. Mi papá vivía en otra ciudad y viajaba mucho, y no sabía lo enferma que estaba Mary. Un día, su mamá lo llamó y le contó acerca del estado de Mary. Él debía salir de la ciudad a la mañana siguiente, pero mientras oraba escuchó que Dios le decía esta frase (no en voz alta, pero la escuchó en el fondo de su espíritu): "Ha llegado el momento de que Mary sea libre". Él escuchó lo que Dios dijo en el Salmo 102: que había llegado el momento de que

Mary fuese sanada. En lugar de hacer el viaje que tenía planeado, esa mañana condujo desde Houston hasta Dallas, donde vivía Mary.

Cuando entró en su cuarto, estaba oscuro y la persiana estaba bajada. Era muy deprimente. Mary no lo reconoció. Tenía el cabello enredado y los ojos vidriosos. Algo surgió en el interior de mi papá, no solo valentía sino una ira santa. Recuerde que la Escritura dice que cuando llegue su tiempo establecido, Dios no se quedará sentado y distraído. Él se levantará en contra de sus enemigos. Mi papá sintió cómo ese poder se despertaba en su interior. Se acercó a la cama de Mary, y después de orar por ella dijo con autoridad: "Mary, quiero que te levantes de esta cama". De repente, Mary se sentó. No había caminado durante meses, pero en ese momento se bajó de la cama y pudo caminar por la casa. Su mente volvió a la normalidad y pudo hablar con mi papá. Aquel día ella se sentó a la mesa y comió sola. Ya no necesitaba la medicina ni los cuidados las veinticuatro horas; había sido completamente sanada. Este era un momento de favor.

Mi papá le preguntó más adelante: "Mary, ¿por qué te levantaste tan repentinamente?". Ella respondió: "Porque escuché que Dios me decía que me levantara". Él se rio un poco y dijo: "No Mary, fui yo. Yo lo dije". Ella enfatizó: "No John. Yo escuché la voz de Dios que me decía que me levantara de la cama". Él replicó: "Mary, yo estaba allí de pie. Te digo que fui yo quien lo dijo". Ella reenfatizó: "Escucha atentamente, John, yo sé lo que oí. Escuché que el Creador del universo, el Dios altísimo, me decía que me levantara de la cama. Y cuando escuché eso, todas las cadenas se rompieron y cada fibra de mi ser volvió a vivir".

Cuando es su momento establecido, ni siquiera todas las fuerzas de la oscuridad pueden retenerle. Nuestro Dios es más poderoso que cualquier enfermedad, cualquier adicción, cualquier depresión, cualquier persona o cualquier enemigo. Todas las cadenas se romperán, todas las fortalezas caerán y todas las limitaciones serán aflojadas. El Creador del universo hará que usted despierte. Él le lanzará hacia su destino. Yo creo que ahora mismo Dios está levantándose en contra de sus enemigos, en contra de esa enfermedad, en contra de ese problema legal, y en contra de ese espíritu de escasez y dificultad. Esas fortalezas se están rompiendo, y su destino está siendo desatado. El Salmo 102 dice más adelante que en ese momento de favor establecido, las personas a su alrededor se darán cuenta de lo que Dios ha hecho. Él se mostrará en su vida de tal manera que usted será un ejemplo de su bondad, bendecido, sano, fortalecido, generoso, y talentoso. Las personas que le rodean verán que la mano de Dios está sobre su vida.

> *Cuando es su momento establecido, ni siquiera todas las fuerzas de la oscuridad pueden retenerle.*

Pero a veces cuando hemos estado esperando por mucho tiempo un milagro, una sanidad o que se cumpla un sueño, es fácil entrar en modo espera y no esperar nada. Dios dice: "La espera ha terminado; está sonando la alarma. La victoria ha llegado. La sanidad ha llegado. El favor ha llegado. El momento establecido ha llegado". Puede que usted aún no lo vea, pero aquí está la clave: debe caminar por fe y no por vista. A lo largo de toda la semana diga: "Señor, gracias porque es mi momento establecido para el favor. Gracias porque estás haciendo retroceder a las fuerzas de la oscuridad. Gracias porque estás acelerando mis sueños para que se cumplan".

"Bueno, probé esto, pero mi negocio no funcionó. No conseguí romper la adicción. No me concedieron el préstamo". Le pido que lo intente de nuevo. Hoy es un nuevo día, y en este momento establecido de favor, Dios no se quedará sentado y distraído. Esta vez, Él se levantará y peleará sus batallas. Esta vez Él ha dicho que se bajará del trono y hará lo que usted no pudo hacer. Él está soplando en su dirección de una manera nueva ahora mismo. Es el momento de que usted posea la tierra. Si hace esto, yo creo y declaro que Dios se mostrará en su vida de una manera nueva. Usted experimentará nuevos niveles de influencia, prominencia, y una plataforma de mayor alcance. Igual que sucedió con la hermana de mi papá, hay sanidad de lo que parece permanente. Como esas dos señoras, usted conseguirá más en menos tiempo. Verá cómo las cosas se aceleran, y cómo Dios le impulsa a un nuevo nivel de su destino.

# CAPÍTULO 9

# El Dios que cruza los brazos

Dios tiene cosas preparadas para usted que ni se imagina. Puede que parezca que ha alcanzado sus límites, que ha ido lo más lejos que podía, pero Dios abrirá puertas que usted nunca pensó que se abrirían. No tenía la formación, no era el siguiente en la fila, pero por alguna razón usted fue escogido para ese ascenso. Dios tiene favor inesperado preparado para usted. Él hará cosas que usted no merecía.

Esto es lo que sucedió en Génesis 48. Jacob era ya anciano y estaba a punto de morir. Su hijo José era el primer ministro de Egipto, el segundo al mando después del faraón. José era el segundo hijo menor de Jacob y era su favorito. Él le había dado a José su túnica de muchos colores y estaba muy orgulloso de él, pero durante muchos años, Jacob pensó que José estaba muerto. Sus hermanos le dijeron a su padre que José había sido despedazado y devorado por un animal salvaje cuando en realidad lo habían vendido como esclavo. A Jacob se le rompió el corazón y vivió muchos años con ese dolor.

Unos trece años después, Jacob se enteró de que José

seguía vivo y que se encontraba en esta posición de gran honor. Con el tiempo, José llevó a su padre y a toda su familia a Egipto, les dio un lugar donde vivir, y cuidó de ellos. Ahora Jacob tenía 140 años y estaba a punto de morir, así que José llegó para despedirse y recibir la bendición de su padre. Llevó con él a sus dos hijos: Manasés y Efraín. Cuando Jacob vio a los chicos, preguntó quiénes eran. José dijo: "Papá, estos son mis hijos, tus nietos". Imagine cómo se debió de sentir Jacob. Nunca pensó que vería a José de nuevo; ya había aceptado que no estaba. Ahora Dios no solo permitió que viera a su hijo, sino que también pudo ver a sus nietos. Su corazón rebosaba de alegría.

Igual que lo hizo Jacob, puede que usted también haya renunciado a un sueño. Tal vez piense que ha pasado demasiado tiempo y ha aceptado que nunca se pondrá mejor, nunca conocerá a la persona adecuada o nunca comenzará ese negocio. Pero lo que Dios puso en su corazón, Él no solo hará que se cumpla, sino que saldrá mejor de lo que usted pensaba. No será solo su hijo, sino también sus nietos, por decirlo de alguna manera. Superará sus expectativas.

## Adoptados como hijos e hijas

Jacob llamó a Manasés y Efraín, los abrazó y los besó. Le dijo a José: "Adoptaré a tus dos hijos como si fueran mis propios hijos. Recibirán una parte de mi herencia igual que la que recibirás tú y recibirán tus hermanos". Lo interesante es que esos muchachos nacieron de una madre egipcia. En ese entonces, los egipcios adoraban a otros dioses, y no creían en Jehová. Ella no tenía una herencia de fe. Podríamos pensar que Dios diría: "No tendré nada que ver con estos chicos. No bendeciré a alguien que viene de una familia que no me adora". Pero Dios no lo descalifica por la forma en que usted fue criado. Puede que usted venga de una familia que no honraba a Dios, o que haya comprometido sus valores y haya experimentado la disfuncionalidad en el pasado. La buena noticia es que eso no debe detenerlo. Igual que hizo Jacob con Manasés y Efraín, Dios le adopta a pesar de lo que usted hizo o dejó de hacer.

Puede que usted sienta que ha estado viviendo bajo una maldición generacional por la forma en que fue criado. Dios le escoge para comenzar una bendición generacional. Usted es el que marca la diferencia y puede ser quien afecte a su descendencia durante las generaciones venideras. El hecho de que estos chicos fueron adoptados por Jacob es extremadamente significativo. Él no solo no tuvo en cuenta quién era su mamá, sino que eran sus nietos y no sus hijos. Ellos deberían haber esperado otra generación (40 años) para recibir lo que Jacob les estaba dando. Normalmente su herencia hubiera venido de su padre, José. Él les habría dado la bendición y la herencia que le fueron dadas a él.

> *Usted es el que marca la diferencia y puede ser quien afecte a su descendencia durante las generaciones venideras.*

Estos muchachos estaban recibiendo algo que no merecían, y esto nos muestra el carácter de Dios.

Hay cosas que no merecemos. Nosotros estábamos fuera del camino, viviendo nuestra propia vida, pero Dios que está lleno de misericordia dijo: "Voy a escogerte a pesar de tu pasado, a pesar de tus errores y a pesar de lo que tu familia no hizo, y aun así te adoptaré". Pablo escribió en Efesios que Dios nos ha adoptado y ahora formamos parte de su propia familia. Gracias a que usted ha sido adoptado, podrá recibir bendiciones que no se ganó y favor que no merecía. La Escritura dice que usted disfrutará de casas que no construyó y de viñedos que no plantó. Su pasado no le limitará, y la forma en que lo educaron no impedirá que Dios le bendiga.

Como sucedió con la mamá de estos chicos, quizá haya habido personas en su familia que no honraron a Dios y no tomaron buenas decisiones. Dios no toma eso en cuenta contra usted. Él dice: "Aun así te adopto, y no como mi nieto ni como mi bisnieto. Yo te adopto como mi propio hijo o mi propia hija". Los hijos de José no deberían haber sido herederos hasta la siguiente generación, pero gracias a lo que hizo Jacob, fueron impulsados cuarenta años más adelante en el camino. Hay cosas que debería tardar años en conseguir (años para salir de la deuda, años para romper una adicción, años para establecer un nuevo estándar), pero Dios hará con usted lo que Jacob hizo con esos muchachos. Él le catapultará hacia delante y usted verá cómo las cosas suceden más rápido de lo que pensaba. Debería haberle tomado una generación entera, pero Dios hará un trabajo rápido. Como usted le honra y dice: "Yo y mi casa serviremos al Señor",

Dios acelerará las cosas. Lo que debería haberle tomado toda una vida sucederá en una fracción de ese tiempo.

Puedo imaginarme que cuando los hermanos de José vieron que los dos nietos se llevaban la misma bendición que les pertenecía a ellos, no lo entendieron. Dijeron: "Papá, eso no es justo. Nosotros somos hijos, no nietos, y a ellos les está dando lo mismo que nos está dando nosotros". ¿Me permite decirle que el favor no es justo? La bondad de Dios es así, y cuando Dios le bendiga, no se sorprenda si algunas personas se ponen celosas. Algunos no entenderán por qué Dios acelera las cosas para usted y rompe sus barreras. Comenzarán a decir que usted no lo merece, que no tiene talento o que simplemente tiene mucha suerte. Yo le digo que eso no es suerte; es favor. Es Dios resplandeciendo sobre usted y haciendo que sucedan cosas que usted no podría haber hecho que sucedan.

No tenga en cuenta las opiniones de los demás. Usted no tiene que convencer a la gente para caerles bien. Algunas personas no podrán manejar el éxito de usted, y si se van, que se vayan. Usted no los necesita. Si se van, es que no son parte de su destino. No malgaste su valioso tiempo con personas que no celebran la bendición que Dios puso sobre su vida. No pida perdón por ella y no intente minimizarla. Usted no la escogió; Dios le escogió a usted. Usted era un nieto, y Él es quien dijo: "Yo te adopto. Yo te daré lo que no mereces, y te llevaré a un nuevo nivel". Esté orgulloso de sus bendiciones; son el favor de Dios sobre su vida.

> *Esté orgulloso de sus bendiciones.*

## Reciba la doble porción

Tras decir Jacob a sus nietos que iba a adoptarlos, los llamó para darles su bendición. En el Antiguo Testamento, la bendición del padre era muy significativa y muy venerada. Lo que el padre declaraba sobre los hijos en sus últimos días tenía un gran peso y afectaría a los hijos durante el resto de sus vidas. El hijo mayor recibía una doble porción; esa era la tradición. La bendición que el padre daba con su mano derecha era la bendición de la doble porción, así que José llevó a su primogénito, Manasés, y lo puso a la derecha de su padre para que Jacob pudiera fácilmente extender la mano y tocarlo. Efraín, el hijo menor, estaba a su izquierda. José se arrodilló e inclinó su rostro hacia el suelo, pero Jacob en lugar de extender su mano derecha y tocar a Manasés, cruzó los brazos y puso su mano derecha sobre Efraín y su izquierda sobre Manasés. Entonces, declaró su bendición sobre ellos.

Cuando José finalmente levantó la vista y vio los brazos cruzados, se molestó. Se levantó rápidamente y dijo: "Papá, ¿qué estás haciendo? Lo estás haciendo al revés; Manasés es el mayor". Tomó la mano derecha de Jacob e iba a ponerla sobre Manasés, pero Jacob la retiró. Le dijo: "Sé lo que estoy haciendo. Manasés será importante, pero Efraín será aún más importante; una multitud de naciones saldrá de él". Dios nos estaba mostrando que Él no siempre bendice de la forma que nosotros esperamos. Efraín no era el próximo en la fila; no lo merecía. No había nacido primero, pero Dios no hizo caso de la tradición. Él no hizo caso de lo que la gente pensaba que sucedería, e hizo algo fuera de lo común. Cuando José intentó detener a su padre, Jacob dijo: "Sé que Efraín nació segundo, y sé que esto no le pertenece, pero estoy cruzando mis brazos a propósito. Le mostraré favor que no merece".

Esta historia no es sobre cómo un miembro de la familia supera al otro. Es sobre cómo Dios nos muestra que Él puede tomar gente que está en el segundo plano, que no tiene el puesto correcto y que se siente desplazada, y traerla al primer plano. A Dios le encanta escoger a personas que otros dicen que no están calificadas, que no tiene talento, que no vienen de la familia adecuada, o que han cometido demasiados errores. No se crea esas mentiras. Dios está a punto de cruzar los brazos. Él le pondrá en una posición que usted no se ganó y para la cual tal vez ni siquiera cumpla los requisitos. Usted no era el próximo en la fila. Dios hará que sucedan cosas que usted no se imagina.

Tal vez piense, como yo hacía antes, que el lugar en el que está ahora es el lugar en el que siempre estará; que ha alcanzado sus límites. Todo eso sería cierto excepto por esto: Dios cruzará sus brazos. Usted siga honrando a Dios y siendo la mejor versión de sí mismo, y Él abrirá puertas que usted ni siquiera soñó que Él pudiera abrir. Le ascenderá a pesar de que usted tal vez no sea el próximo en

> *Usted siga honrando a Dios y siendo la mejor versión de sí mismo, y Él abrirá puertas que usted ni siquiera soñó que Él pudiera abrir.*

la fila. Usted pensará: *¿Cómo llegué hasta aquí? No tenía la formación ni la experiencia ni los contactos.* La respuesta es esta: Dios cruzó los brazos.

Yo pienso: *¿Cómo acabé estando delante de tantas personas?* Hace diecinueve años yo era operador de cámaras y hacía la producción. No era necesariamente el siguiente en la fila, y tampoco era el mejor calificado. Pero Dios cruzó sus brazos y aquí estoy. ¿Cómo conseguimos el Compaq Center? No éramos el grupo de mayor influencia en el proceso de subasta. No teníamos el mejor portafolio ni la mayor cantidad de recursos, pero Dios cruzó sus brazos y nos sacó del segundo plano para ponernos en el primero. ¿Cómo es que mi mamá sigue viva treinta y ocho años después de ser diagnosticada con un cáncer terminal? Dios cruzó sus brazos e hizo lo que la medicina no pudo hacer.

## Del segundo plano al primero

A todos se nos pueden ocurrir excusas para acomodarnos en el lugar donde estamos. "Yo no tengo la formación, Joel. No tengo las conexiones ni la confianza, ni el talento ni la talla ni la personalidad". Dios dice: "Ya lo sé; yo te creé. Yo sé en qué orden naciste". Puede que usted no sea el primogénito, por así decirlo. Tal vez sienta que no tiene lo que necesita para seguir avanzando, pero no se preocupe. Dios cruzará sus brazos. Él hará que sucedan cosas que usted no puede hacer que sucedan.

En las Escrituras, Gedeón dijo: "Dios, yo no puedo liderar al pueblo de Israel para luchar contra los madianitas. Soy de la familia más pobre y soy el más joven de la casa de mi padre". Dios dijo: "Gedeón, sé que no estás calificado y sé que no eres el próximo en la fila, pero voy a cruzar mis brazos. Voy a sacarte del segundo plano para ponerte en el primero. Te daré influencia y habilidad como nunca has tenido".

Cuando Sansón era prisionero de los filisteos, pudo haber dicho: "Dios, no merezco tu bondad. Me diste una fuerza sobrenatural y yo metí la pata. Caí en la tentación una y otra vez, y ahora soy ciego, estoy atado, me obligan a trabajar en el molino, y es todo por mi culpa". Dios dijo: "Sansón, yo ya sabía todos los errores que cometerías, y mi misericordia es más grande que cualquier cosa que hayas hecho mal. Sí, deberías morir derrotado y sintiéndote como un fracasado, pero anímate. Voy a cruzar mis brazos". Dios bendijo a Sansón con una fuerza sobrenatural una vez más, y él derrotó a más enemigos al morir que en toda su vida. Puede que usted tenga mil razones por las que no puede cumplirse su sueño o salir de ese problema. Dios le dice: "Estoy a punto de cruzar mis brazos. Voy a mostrarte favor inesperado, ascenso inesperado, sanidad inesperada y nuevas oportunidades inesperadas". Usted no lo vio venir. No está calificado y no era el próximo en la fila. Pero así es la bondad de Dios.

"Bueno, Joel, esto anima mucho, pero no sé. Tengo problemas muy grandes. Hay muchas cosas en mi contra". Las

Escrituras dicen que el brazo del Señor no se ha acortado para no poder liberarnos. ¿Acaso piensa que el brazo de Dios no puede alcanzarle porque está demasiado lejos, ha cometido demasiados errores, se ha perdido demasiadas oportunidades, o que su problema es demasiado grande? ¿Me permite decirle que el brazo de Dios no se ha acortado para sacarle de ese problema, sanarlo, proveer para su vida, liberarlo, o vindicarlo? Verá a Dios a hacer cosas que usted no vio venir. Cuando Él cruce sus brazos, las cosas se alinearán a la perfección. Rachas buenas le encontrarán a usted, y las oportunidades le perseguirán.

Un hombre que conozco es dueño de una empresa de diseño. Comenzó con tres clientes pequeños cuando la empresa que era su principal competencia tenía ya miles de clientes. A pesar de que él era simplemente como una peca al lado de ellos, algunas de las personas de la otra empresa estaban celosas de su trabajo, y hacían comentarios desafortunados e intentaban denigrarlo. Él no les prestó atención y siguió corriendo su carrera, haciendo su mejor trabajo. Un cliente llevó a otro, y siguió creciendo. Se seguían abriendo nuevas puertas, y finalmente llegó a ser más grande que la otra empresa. Un día lo llamaron para preguntar si le gustaría comprar esa empresa. Actualmente es dueño de la empresa que antes era cientos de veces mayor que la suya. Él me dijo: "Joel, esto no lo vi venir. Nunca soñé que pudiera tener tanto éxito". Ahora las personas que antes se reían de él ya no le insultan. ¿Sabe lo que le dicen? *Jefe.* ¿Qué sucedió? Dios cruzó sus brazos. Puede que usted no tenga el puesto aún, o la influencia, o la reputación o la confianza. Tal vez sienta que está en el segundo plano. No se preocupe; simplemente siga honrando a Dios y entrará en ese favor inesperado y ese ascenso que no vio venir.

## La decisión ha sido tomada

En el libro de Lucas, el ángel le dijo a María que el Señor había decidido bendecirla. Hay algunas bendiciones que vienen a causa de ser fiel y hacer lo correcto cuando es difícil. Pero hay veces, como sucedió con María o como sucedió con Efraín, cuando Dios simplemente decide bendecirle. Usted no hizo nada para merecerlo; de hecho, había muchas razones por las que no debió haber sucedido. Tal vez usted no tomó buenas decisiones o había un miembro de su familia, como la mamá de Efraín, cuyo trasfondo no honraba a Dios, pero Dios en su misericordia cruzó sus brazos. Él decidió ser bueno con usted. Él

> *Él decidió ser bueno con usted.*

decidió darle la vuelta a ese problema en el que usted se había metido. Él escogió abrir esa puerta que usted nunca hubiera podido abrir. Eso es lo que sucede cuando Dios decide bendecirle.

Eso es lo que sucedió con mi papá. Él se crió en una buena familia, pero ellos no tenían fe de ninguna clase. Usted pensaría que cuando Dios necesitara un pastor, cuando necesitara a alguien que cumpliera su voluntad, habría buscado a alguien que viniera de una familia de fe; pero Dios no siempre escoge a quien nosotros escogeríamos. Cuando tenía diecisiete años, mi papá caminaba de vuelta a casa a las dos de la mañana después de haber salido de un club nocturno, como había hecho muchas veces antes, pero esta vez había algo diferente. Por alguna razón, miró las estrellas y comenzó a pensar en Dios. Comenzó a preguntarse qué haría con el resto de su vida. Su familia era muy pobre; cultivaban algodón. Él pensaba que tendría que recoger algodón el resto de su vida. Era lo único que sabía hacer, pero mientras miraba las estrellas, en el fondo sabía que había sido creado para algo más. No entendía nada acerca de Dios, pero esa noche sintió algo especial.

Cuando llegó a su casa, vio la Biblia familiar sobre la mesa del café. Estaba allí como decoración, pero algo le dijo que la abriera. Cuando lo hizo, se abrió por una página en la que había un cuadro de Jesús parado frente a una puerta, llamando. Debajo, estaba escrito: "Yo estoy a la puerta y llamo. Si abre, yo entraré". Mi papá no entendía nada de teología, pero sí sabía lo que era abrir una puerta. Al día siguiente fue a la iglesia por primera vez, con un amigo. Al final del servicio, el pastor invitó a que pasaran adelante todos aquellos que quisieran recibir a Cristo. Mi papá quería ir, pero estaba demasiado nervioso; no podía moverse. Su amigo se dio la vuelta y le dijo: "John, si tú vas, yo iré contigo". Pasaron al frente los dos juntos, y mi papá fue el primero de la familia que entregó su vida a Cristo.

Pero yo pienso: *¿Por qué mi papá? ¿Por qué sintió esa fuerza* que le atraía? ¿Por qué miró las estrellas y comenzó a pensar en su destino? ¿Por qué la Biblia se abrió en una página donde había un cuadro que él pudiera entender? ¿Por qué ese amigo se tomó el interés y caminó hacia el frente con él? Eso fue el Señor decidiendo bendecir a mi papá, y decidiendo ser bueno con mi familia. Mi papá no era el próximo en la fila para convertirse en pastor. No estaba calificado, y no provenía de la "familia adecuada". ¿Me permite decirle que nada de eso importa? Cuando Dios decide bendecirle, Él le mostrará favor que usted no se ganó y misericordia que usted no merecía. No fue por nada que usted hizo, simplemente fue Dios cruzando sus brazos. ¿Dónde estaría yo si Dios no hubiera decidido ser bueno con mi papá? ¿Dónde estarían mis hijos si Dios no hubiera cruzado sus brazos? Mi papá no solo llegó a ser un pastor increíble, fundó Lakewood e impactó al mundo, sino que papi rompió la maldición de la pobreza en la que fue criado y estableció un nuevo estándar para nuestra familia.

Yo creo que como Dios hizo con mi papá y ha hecho conmigo, Él ha decidido bendecirlo a usted. Ha decidido alcanzar a su familia, y ha decidido llevarle a nuevos niveles. Puede que las circunstancias digan que no sucederá, que no está calificado y que no es el próximo en la fila. No se preocupe. Dios tiene preparado favor inesperado, ascenso inesperado y cambios de rumbo inesperados. Usted no lo vio venir, y puede que parezca que su familia nunca será alcanzada o que usted nunca podría establecer un nuevo estándar. Usted siga honrando a Dios, y entrará a esos momentos en los que Dios ha decidido bendecirle.

## Oportunidades que van más allá

Vi a un joven en televisión que jugaba profesionalmente al fútbol americano. Acababa de anotar el punto con el que ganaron el partido. Sus compañeros se abalanzaban sobre él, los fans lo vitoreaban, y todos estaban gritando y volviéndose locos. Dos años antes había estado trabajando en un supermercado reponiendo productos en las estanterías. Había sido un jugador estrella en la universidad y le hacía mucha ilusión jugar profesionalmente, pero no lo habían reclutado. Todos los equipos lo habían rechazado porque decían que era demasiado bajito. Nadie lo quería, y él se sentía menospreciado y olvidado. Sabía que tenía lo que hay que tener, pero nadie le daba una oportunidad. Un día, de la nada, un entrenador al que nunca había conocido lo invitó a que asistiera a las pruebas para acceder al equipo. Superó las pruebas y llegó a convertirse en el receptor principal. Cuando un reportero lo entrevistó después de haber atrapado la pelota, anotando el punto ganador, este joven le dio gracias al Señor y después dijo: "¡Vaya! Esto no lo vi venir". Él pensaba que sus días de jugar al fútbol americano habían terminado. Ya había aceptado que no era su destino, pero entonces Dios cruzó los brazos. Y ahora él no solo estaba celebrando la victoria, sino que también todos lo celebraban a él.

Puede que las personas le desechen y le digan que nunca lo conseguirá, pero Dios tiene la última palabra. Él sabe cómo sacarlo del segundo plano y ponerlo en el primero. Cuando

Él decide bendecirle, sucederán cosas que usted no vio venir. No tiene por qué ser el mejor calificado, el que tenga más experiencia o el que venga de la familia más influyente. Si lo es, muy bien. Dios, aun así, puede llevarle incluso más alto. Puede que usted sienta que tiene desventajas, algunas sobre las cuales no tiene control (la familia en la que nació, su nacionalidad o su estatus social). Efraín no pudo hacer nada para remediar que no era el primogénito. No pudo hacer nada para remediar el hecho de que su mamá había adorado ídolos. Él no era responsable de eso. A primera vista, eso podría impedirle avanzar y hacer que piense: *Qué mala suerte, esto es lo que me ha tocado en la vida*, pero Dios no escoge de la manera en que escogemos nosotros. Él está a punto de darle influencia, habilidades y oportunidades que usted ni siquiera vio venir.

> *Puede que las personas le desechen y le digan que nunca lo conseguirá, pero Dios tiene la última palabra.*

David reflexionó: "¿Quién soy yo, oh Señor, y quién es mi familia para que me hayas traído tan lejos?". Lo que estaba diciendo era: "Yo no era el más grande, el más fuerte o el mejor calificado. No tenía ascendencia real; era un pastor que trabajaba en el campo ocupándome de mis cosas y, Señor, mira hasta dónde me has traído". Él no tuvo que perseguirlo; le persiguió a él. El profeta Samuel apareció en su casa para ungirlo como rey.

Dios tiene algunas oportunidades que van más allá y que están a punto de venir a buscarle. Las personas correctas le encontrarán. Usted no podría haber hecho que sucediera. Es el brazo del Señor extendiéndose para ascenderlo, elevarlo y hacerle crecer. Usted mirará atrás y dirá como dijo David: "¡Vaya, Señor! Nunca soñé que me llevarías a este nivel". Mantenga su fe; los pensamientos le dirán que nunca sucederá, pero prepárese. Dios está a punto de cruzar sus brazos. Yo creo y declaro que usted está recibiendo favor inesperado, sanidad inesperada y cambios de rumbo inesperados. Dios le sacará del segundo plano para ponerlo en el primero. Usted llegará a nuevos niveles y verá el favor de Dios en mayor medida.

## CAPÍTULO 10

# Tan solo una buena oportunidad

A veces no vemos la manera de cumplir nuestros sueños. No tenemos las conexiones, los recursos o la experiencia. Una vez hablé con un joven que quería ir a la universidad, pero no consiguió la beca. Él viene de una familia monoparental y no tiene los recursos. Las circunstancias están en su contra, y es fácil desanimarse en esos momentos y decir: "No puedo salir de la deuda, ya he hecho todo lo posible". "Nunca me pondré mejor. Mire el reporte médico". "Nunca romperé con esta adicción. La he tenido durante años".

Puede que parezca que no sucederá, pero lo que usted no puede ver es que está tan solo a una buena oportunidad. Con solo conocer a una persona correcta, con solo una llamada, con solo un contrato, o con solo una sanidad, lo que parecía imposible de repente se hará posible. No necesita que se alineen cien circunstancias diferentes. Con un solo toque del favor de Dios se abrirán puertas que usted no hubiera podido abrir. Con una sola persona que esté en su favor usted será catapultado hacia delante. Un solo momento, y de repente, se pondrá bien. De repente, será libre de la adicción. De repente, la depresión se irá. Puede que usted tenga situaciones de su vida que parece que nunca cambiarán, pero no se desanime. Dios ya ha preparado oportunidades para usted, cosas que usted no habría podido hacer que sucedan. Usted no era el próximo en la fila y no tenía la experiencia, pero de repente, ese contrato llegó a sus manos.

Él ya ha preparado a las personas adecuadas para que le ayuden. Usted no se lo pidió a ellas, y no tuvo que intentar ganárselas. Sin razón aparente, harán todo lo que esté en sus manos para ser amables con usted. Han sido puestas por Dios para llevarle a su destino, y no tiene que preocuparse por cómo sucederá. Dios puede usar a una sola persona a la que usted le caiga bien o a una sola persona que diga: "Asciéndalo. Dele el puesto", y de repente usted entrará a un nuevo nivel. En lugar de pensar: *Eso está muy lejano. No veo cómo podría suceder*, dele la vuelta y diga: "Padre, gracias porque estoy tan solo a una oportunidad. Gracias porque con un toque de tu bondad, las cosas cambiarán a mi favor".

## A tan solo una llamada

¿Sabe cómo conseguimos el Compaq Center? Tan solo hizo falta una llamada; así es como empezó todo. Queríamos construir un auditorio nuevo, pero cuando encontrábamos una propiedad, se vendía en medio de nuestras negociaciones (esto sucedió dos veces), y yo estaba decepcionado. No conseguíamos encontrar otro terreno que tuviera el tamaño que necesitábamos. Pero cuando algo no prospera, es porque Dios tiene algo mejor preparado. Puede que en ese momento usted no sea capaz de verlo, pero es ahí cuando debe confiar en Él. Una tarde yo estaba en la oficina, haciendo mis cosas, cuando un amigo con quien no había hablado en un par de años me llamó y dijo: "Joel, tengo una idea para ti. Vayamos a almorzar". Al día siguiente, mientras comíamos, me dijo que el equipo de baloncesto de los Rockets iba a dejar el Compaq Center y que Lakewood debía intentar comprárselo a la ciudad. Cuando escuché eso, algo se despertó dentro de mí. Sabía que debíamos intentarlo.

Cuando volví del almuerzo llamé al alcalde, que era amigo de nuestra familia. Le dije que estábamos interesados, y él me dijo: "Joel, creo que el hecho de que Lakewood tuviera el Compaq Center sería estupendo para la ciudad de Houston". Dios sabe cómo poner a las personas correctas a favor de usted. Cuando aquellos dos propietarios vendieron sus propiedades mientras nosotros estamos negociando para comprarlas, no me gustó y no parecía justo, pero la verdad es que no fue decisión de ellos. Fue la mano de Dios. Ellos no tenían que estar a favor nuestro, porque si hubieran hecho lo que yo quería, habríamos perdido el Compaq Center.

Cuando alguien no está de su lado, no se desespere. Dios ya tiene a las personas correctas preparadas para que le ayuden; gente que está puesta ahí para abrir puertas que usted no podría abrir y que usarán su influencia para impulsarle hacia delante. Pero había algunas personas que no querían que nosotros tuviéramos el Compaq Center; críticos que decían que aquello no sería bueno y que trajeron oposición e intentaron detenernos. Sin embargo, el alcalde era el que se encargaba de la ciudad. Él establecía la agenda, y el hecho de que él estuviera a favor nuestro es lo que hizo que la oposición no pudiera detenernos. Cada vez que ellos intentaban evitar que sucediera, él simplemente ajustaba algo para que las cosas volvieran a estar a favor nuestro, y nosotros seguíamos avanzando. He aprendido que no necesita que todos estén de su lado. Lo único que necesita es que las personas correctas estén de su lado. Y casualmente, la persona a la que le caíamos bien era la que estaba al mando; él gobernaba la ciudad. Dios hará que estén de su lado personas que están en puestos de autoridad, que superan en rango a sus críticos y que harán que las cosas sucedan.

> No necesita que todos estén de su lado. Lo único que necesita es que las personas correctas estén de su lado.

Quizá sienta que se está quedando atrás y que nunca podrá cumplir lo que Dios puso en su corazón. No se preocupe. Dios sabe cómo recuperar el tiempo perdido. Si otras personas no cuentan con usted y no le dan el mérito que merece, no se preocupe. Dios sabe cómo recuperar el tiempo perdido. Con tan solo un toque de su favor, usted será catapultado años hacia delante. Con tan solo una persona que abra una puerta o que de repente haga una llamada, usted avanzará cincuenta años en el camino. No está ya en un edificio de metal; estará en el Compaq Center. No estará en una zona desolada; estará en la autopista principal. Las personas ya no le menosprecian; ahora le admiran. Dios hará que a usted le vean desde otra perspectiva. Él le dará respeto, credibilidad e influencia que compensarán el tiempo que parecía que usted había perdido.

Esos años en los que nadie le veía, usted no veía buenas oportunidades y no tenía mucha influencia, fueron años de prueba. Le estaba demostrando a Dios que Él podía confiar en usted. Estaba haciendo lo correcto cuando las circunstancias no eran las adecuadas, estaba siendo la mejor versión de sí mismo cuando no estaba viendo crecimiento, y estaba yendo al trabajo con una buena actitud, a pesar de que nadie le daba el mérito que merecía. Esos años fueron importantes. Si usted no hubiera sido fiel y no le hubiera demostrado a Dios que Él puede confiar en usted, no estaría listo para lo que Dios tiene preparado. Debe estar listo para el lugar al que Dios le llevará. Usted no se está quedando atrás. Está recibiendo entrenamiento y formación, y si está tomando más tiempo del que pensaba, es porque Dios tiene algo grande en su futuro. No tire la toalla y no se canse de hacer lo correcto. Si sigue pasando la prueba, la Escritura dice que su momento está llegando. Eso significa que Dios no solo le sacará del segundo plano, sino que también le impulsará hacia delante. Y usted será ascendido, crecerá, e irá más allá de lo que jamás pudo imaginar.

## A tan solo una persona

Cuando era adolescente, David estaba en el campo cuidando las ovejas de su padre. Era un trabajo aburrido, pero David tenía grandes sueños en su corazón. Él sabía que dejaría su marca, pero año tras año lo único que hacía era dar de comer a las ovejas, limpiar tras ellas y asegurarse de que estaban protegidas y sanas. Era un trabajo sucio, maloliente y solitario. Nadie le daba las gracias. Nadie sabía que había matado a un león y a un oso para proteger a esos animales. Él pudo haber tirado la toalla, haber tenido una mala actitud y haber dicho: "Dios, no es justo. Estoy malgastando mi tiempo aquí". Pero en lugar de eso, siguió pasando la prueba, haciendo lo correcto cuando nada cambiaba a su alrededor. Un día, el profeta Samuel llegó a su casa para ungir al próximo rey de Israel. Miró a los siete hermanos mayores de David, que tenían más experiencia y más formación. Algunos de ellos estaban en el ejército. Eran más grandes, más fuertes y más musculosos que David. Parecían reyes, pero Samuel los fue observando y finalmente llegó hasta David, el olvidado; el que había sido menospreciado, pasado por alto y visto como menos importante. Samuel afirmó: "Este es el próximo rey de Israel". Estoy seguro de que sus hermanos y sus padres casi se desmayaron. "¿Se refiere a David, el pastor, el más pequeño, y el más bajito? ¿Está seguro?".

Dios no escoge de la manera que nosotros escogemos. Las personas miran las apariencias, pero Dios mira el corazón.

En David, Dios encontró un hombre en el que podía confiar, un hombre que había demostrado ser fiel aun cuando las cosas no iban como él esperaba. Dios sabía que, si podía confiar en él para cuidar de unas ovejas, podía confiar en él para cuidar de su pueblo. Cuando Dios ascendió a David y lo sacó del campo, le compensó todos los años que parecía que David había malgastado. David pasó de ser un pastor a ser el nuevo rey. Nadie votó por él. Aquello no era una democracia, pues si lo hubiera sido, no habría recibido ni

> *David pasó de ser un pastor a ser el nuevo rey.*

un solo voto. Nadie le había echado el ojo, y nadie en Israel sabía quién era. Su padre no creía en él y sus hermanos lo menospreciaban.

Cuando Dios está preparado para ascenderlo, Él no convoca elecciones. No se fija en a quién le cae bien, quién está de su lado o cuán popular es. No es una votación; es su nombramiento. La decisión es de una sola persona, y no es su jefe, los vecinos, la gente que le critica o sus familiares. El ascenso no viene de las personas; viene del Señor. Cuando sea su tiempo de ser ascendido, ninguna persona, ninguna mala racha, ninguna decepción y ningún enemigo puede detenerle. Dios es el único que vota; Él tiene la última palabra.

Ahora deje de preocuparse por quién no está de su lado. "¿Por qué esas personas no reconocen mi trabajo? Joel, habría avanzado más si mis compañeros de trabajo no me rechazaran". ¿Me permite decirle que sus compañeros de trabajo no pueden detenerle? Otras personas no pueden impedirle llegar a su destino. Ellos no sabían quién era usted antes de que fuera formado en el vientre de su madre. Ellos no establecieron el plan para su vida. Ellos no le coronaron con favor, y no pusieron semillas de grandeza en su interior. Deje de enfocarse en quién no está de su lado y comience a enfocarse en el que sí lo está. El Dios altísimo, el Creador del universo, y quien con su voz llamó al mundo a existencia, ahora sopla en su dirección. Él le tiene en la palma de su mano, y sus planes para usted son de bien. El hecho de que Él esté de su lado es más importante que el hecho de que el mundo entero esté en su contra.

La vida de David cambió de rumbo gracias a una sola persona. Cuando Samuel llegó a su casa y lo ungió como rey, todo su mundo cambió. Lo interesante es que David no tuvo que perseguir a Samuel; Samuel llegó buscando a David. Usted no tiene que perseguir la bendición. Siga honrando a Dios, y la bendición llegará a usted. Le llegará la llamada telefónica. Le llegará el Compaq Center. La persona correcta, la sanidad o el ascenso le encontrarán a usted. Pasamos demasiado tiempo intentando hacer que las cosas sucedan, y entonces nos frustramos porque tardan demasiado. Pero usted no puede hacer que las cosas sucedan si no es el momento establecido por Dios para que sucedan. Usted no podrá conseguir caerle bien a personas a las que no debe caerles bien, y no puede abrir una puerta que Dios ha cerrado.

## No desee lo que no debe ser suyo

Dos veces intenté comprar propiedades para construir un nuevo santuario. Hice todo lo que pude: fui amable con aquellos propietarios, les mostré mi mejor sonrisa y les di las gracias por adelantado por vendernos su propiedad. No importa lo encantador que fuera o cuánto dinero ofreciera; esa puerta no se iba a abrir. Quédese en paz, sabiendo que Dios hará que las personas correctas le encuentren. Las cosas buenas le encontrarán, y las oportunidades adecuadas llamarán a su puerta. Cuando sea su tiempo, Samuel llegará. El padre de David intentó convencer a Samuel de que ungiera a otro de sus siete hijos, porque pensaba que David era demasiado bajito, demasiado joven y que no tenía experiencia. Pero por mucho que lo intentara, Samuel no lo haría. Dios nos estaba mostrando que lo que tiene escrito nuestro nombre no será para nadie más. Deje de molestarse porque su compañero de trabajo consiguió el ascenso que usted quería. Si tenía que ser para usted, lo hubiera tenido. O esa amiga que se casó con el hombre que a usted le gustaba tanto: eso no parecía justo. Pero si usted hubiera tenido que casarse con él,

> *Las cosas buenas le encontrarán, y las oportunidades adecuadas llamarán a su puerta.*

entonces ella no lo habría hecho. Que usted no se casara con él significa que Dios tiene a alguien mejor para usted.

He aprendido que no debemos desear lo que no debe ser

nuestro. La gracia no nos respaldará. Una vez, yo deseaba una oportunidad de negocio muy insistentemente e hice todo lo que pude para lograr que sucediera. A veces, Dios cierra una puerta que nosotros no podemos abrir, pero hay momentos en los que, si somos muy insistentes y el serlo no nos impedirá llegar a nuestro destino, Dios dejará que lo hagamos a nuestra manera. En este caso, conseguimos hacer el negocio, pero no fue como yo pensaba. Fue un dolor de cabeza constante, nunca llegó a despegar del todo, y consumía toda nuestra energía, nuestro tiempo y nuestros recursos. Ahora mi actitud es la siguiente: *Dios, si no tiene mi nombre escrito, no lo quiero*. Si eso no es para usted, la gracia no le respaldará al intentar conseguirlo. No intente tirar la puerta abajo. Muestre determinación y persiga sus sueños, pero sea lo suficientemente inteligente como para darse cuenta de que lo que Dios quiere para usted, llegará. No será una batalla constante. Sí, habrá oposición. Sí, tendrá que trabajar duro. Tendrá que pelear la buena batalla de la fe, pero le acompañará una gracia que hará que las cosas encajen.

El salmista dijo que Dios cumplirá el plan que tiene para nuestra vida. Usted no debe hacer que se cumpla. No tiene que pelear, vivir preocupado intentando arreglar cada problema, poner en su sitio a cada enemigo, y hacer que todo suceda en sus propias fuerzas. Puede vivir en un lugar de descanso, sabiendo que Dios no solo pelea sus batallas, sino que ha preparado todas las oportunidades que usted necesita. Él tiene preparadas a las personas correctas que le ayudarán. Él tiene la solución a problemas que usted no puede ver ahora mismo; Él ya ha averiguado cómo resolverlo. No malgaste su tiempo preocupándose; Él está en el trono y puede ver cosas que usted no ve. Él ha prometido que cumplirá el plan que tiene para su vida.

## A tan solo un cambio de opinión

Recibí una carta de una joven que vive en África. Su sueño era conseguir su doctorado para poder ser profesora de universidad. Había terminado su maestría y estaba preparando los exámenes finales para entrar al programa de doctorado cuando el dueño de su apartamento rompió el contrato de renta y le dijo que tenía que desalojar el apartamento en el que estaba viviendo. En tan solo un par de días tuvo que dejar ese lugar y mudarse al campus de la universidad. Todo esto ocurrió en medio de sus exámenes finales, lo que la desconcentró y no pudo estudiar como esperaba. Finalmente, la universidad a la que quería asistir la rechazó. Ella no solo estaba decepcionada consigo misma, sino que también estaba enojada con el dueño de su apartamento por obligarla a irse, especialmente en ese momento. Estaba a punto de reunirse con un abogado para tomar acciones legales contra él, pero ella siempre escucha nuestro podcast. Mi mensaje esa semana se titulaba "Usted tiene un defensor", en el que hablaba de que a todos nos pasan cosas injustas, pero Dios no lo permitiría si no fuera a usarlo de alguna manera para nuestro bien. También hablé acerca de cómo Dios puede vindicarnos mejor de lo que nosotros podemos vindicarnos a nosotros mismos. Ella sabía que Dios le estaba hablando, así que dejó ir el enojo y la demanda.

Después de ser rechazada por dieciséis universidades, solicitó en una universidad muy prestigiosa en Italia. Ella les encantó, pero tenían doce personas por delante de ella en la lista de espera y le dijeron que desgraciadamente no sería aceptada. Dos semanas después, volvieron a escribirle por correo electrónico, informándole: "Nunca hemos hecho esto antes, pero hemos cambiado de opinión y hemos habilitado un cupo solo para usted". Cuando llegó, le informaron que, entre cientos de estudiantes de doctorado, ella era uno de los seis que habían sido escogidos para participar en el programa avanzado de estudios. Eso significaba que no solo recibiría una beca completa, sino que no tendría que vivir en la residencia universitaria. Ella tendría su propio apartamento ejecutivo en una preciosa urbanización cerca de la universidad. Sus pensamientos volvieron al hombre que había roto el contrato de renta obligándola a irse del apartamento, y que ella había pensado que eso le estaba perjudicando cuando, de hecho, estaba preparándola para lo que venía. Dios sabe cómo cumplir su plan para nuestra vida. Puede parecer que no sucederá, pero usted está tan solo a una oportunidad de que una universidad diga: "Hemos cambiado de opinión", a tan solo una oportunidad de que Samuel llegue a su casa, y a tan solo una oportunidad de una llamada telefónica que diga: "Oiga, el Compaq Center está disponible". Usted mirará hacia atrás y dirá como ella dijo: "¡Vaya, Dios! Me asombras con tu bondad".

David dijo: "He clavado mi tienda en la tierra de la esperanza". Mi pregunta es la siguiente: ¿dónde ha clavado usted su tienda? "Bueno, Joel, yo he tenido muchas decepciones". "Nunca me pondré mejor". "No puedo cumplir mis sueños. Ha pasado demasiado tiempo". El problema no es que Dios no pueda hacerlo. El problema es el lugar donde usted ha clavado su tienda. Mientras piense en todas las razones por las que no sucederá y cuán imposible es, eso le limitará. ¿Por qué no se hace un favor a usted mismo y saca sus estacas, recoge su tienda, y sale de la tierra de la duda, la negatividad y la autocompasión? Salga de la tierra del "no sucederá. Soy demasiado viejo o demasiado vieja. Nunca me pasan cosas buenas". Ese es el vecindario equivocado. Salga de ese lugar y clave su tienda en la tierra de "con Dios todo es posible", la tierra de "la bondad y la misericordia me persiguen", la tierra de "Dios está usando en mi favor lo que fue pensado para hacerme daño". Está tan solo a una oportunidad de que Dios le catapulte a un nuevo nivel. El simple hecho de que una sola persona le muestre favor cambiará el curso de su vida. Con tan solo un toque de la bondad de Dios, usted ganará la batalla contra el cáncer, romperá la adicción, y verá cómo su familia es restaurada.

> *Está tan solo a una oportunidad de que Dios le catapulte a un nuevo nivel.*

## A tan solo un día

Hechos 3 nos relata de un hombre que había sido paralítico desde su nacimiento. Cada día, su familia lo llevaba al templo y lo acostaban al lado de la puerta para que pudiera mendigar. Había hecho eso por años. Un día, Pedro y Juan pasaron por allí. El hombre extendió su vaso, pidiendo algunas monedas. Pedro le dijo que sentía mucho no tener dinero para él, pero que, en el nombre de Jesús, se levantara y caminara. Pedro lo tomó de la mano y le ayudó a levantarse, y al instante fue sanado. El hombre estaba tan emocionado que comenzó a correr por el templo, dándole gracias a Dios.

Lo que quiero enfatizar es lo siguiente: cuando el hombre se levantó esa mañana, pensó que era simplemente otro día como cualquier otro. Iría al templo, se sentaría al lado de la puerta y mendigaría, como había hecho durante años. La noche anterior, cuando se fue a la cama, no tenía idea de que pronto podría caminar. No se dio cuenta de que estaba tan solo a una oportunidad de que su vida entera cambiara. Tan solo hizo falta una persona escogida por Dios que declaró sanidad, y pudo hacer algo que le dijeron que nunca podría hacer.

Quizá usted tenga algunos obstáculos grandes en su camino hoy; cosas que le han impedido avanzar durante mucho tiempo: una enfermedad, una adicción, la depresión o la soledad. No parece que nunca vaya a cambiar, y usted podría acomodarse y aceptarlo. Pero no, prepárese. Dios está a punto de sorprenderlo. Él ya ha hablado con las personas indicadas y ya ha preparado la sanidad, la libertad o el ascenso. Sucederá de repente. Usted no lo vio llegar. Una mañana se despertará esperando más de lo mismo porque nunca se imaginó la noche anterior, cuando se fue a la cama, que sería sanado, libre, ascendido, o vindicado. Las buenas noticias son que podría suceder hoy. Podría suceder esta semana. Este mes, todo su mundo podría cambiar para bien. Ahora haga su parte y clave su tienda en la tierra de la esperanza. Dele a Dios material con el cual trabajar. Eso no es solamente ser positivo; es que su fe está siendo desatada.

Cuando las personas en el templo vieron a este hombre correr y celebrar, se miraron los unos a los otros y dijeron: "¿No es este el hombre que ha estado mendigando en la puerta los últimos cuarenta años?". No se lo podían creer. La Escritura dice que ellos estaban asombrados. Dios tiene cosas preparadas para su futuro que no solo le dejarán asombrado a usted, sino también a las personas que le rodean. Usted no fue creado para vivir en la disfunción, con adicciones, y para estar constantemente batallando. Puede que haya sido así en el pasado, pero no será así en el futuro. Dios está a punto de hacer algo nuevo y romperá las ataduras que le han impedido avanzar hasta ahora. Él le liberará de esas adicciones. Le dará abundancia hasta que tenga más que suficiente. Esa enfermedad no es permanente; la sanidad está en camino. La restauración está en camino. La victoria está en su futuro.

## A tan solo un toque

Conversé con un joven que estaba recibiendo diálisis. Tenía tan solo treinta años, y tenía que pasar en la clínica cuatro horas al día, tres días por semana. Mi papá recibía diálisis al final de su vida, y yo lo llevaba muchas veces a la clínica, así que le puedo decir que no es muy común ver a personas de treinta años recibiendo diálisis. Sentí compasión en mi corazón, porque pasar por eso no es fácil. Él me dijo que tenía ese problema desde que era un niño, y que no era un candidato aceptado para un trasplante de riñón. Tenía una actitud ejemplar e iba a trabajar todos los días. Oramos para que Dios no solo le ayudara a cumplir su destino, sino que Dios abriera un camino donde nosotros no lo veíamos. Cuando lo vi un par de años después, me dijo: "Joel, no va a creer lo que sucedió". Durante años los médicos le habían dicho que no podía recibir un trasplante, pero un médico se tomó un interés especial por él, estudió su caso, y le informó: "Ya veo por qué nadie quiere asumir el riesgo, pero esto es en lo que yo estoy especializado". Una noche, a la una de la madrugada, recibió una llamada del médico, que le dijo: "Vaya al hospital mañana a las seis de la mañana; tengo un riñón para usted". El hombre estaba radiante de gozo. Me dijo: "Joel, ya no tengo que recibir diálisis; tengo un riñón nuevo".

Solo hizo falta un toque del favor de Dios, un médico que hizo lo que estaba en su mano para ser bueno con él, y la vida de ese joven cambió radicalmente. Tal vez parezca que lo que usted está enfrentando nunca cambiará. Quizá otros le han dicho: "No, las circunstancias están en su contra". ¿Me permite decirle que está tan solo a una buena oportunidad? Con solo un toque del favor de Dios, usted mejorará repentinamente. De repente, recibirá el riñón. De repente, será libre. De repente, será ascendido. Lo que le pido es que clave su tienda en la tierra de la esperanza. Levántese cada mañana expectante, sabiendo que el Dios altísimo está obrando y cumpliendo el plan que tiene para su vida. Si lo hace, yo creo y declaro que Dios está a punto de sorprenderle. Él hará que sucedan cosas que usted no vio venir, y de repente llegarán la sanidad, las oportunidades y las personas adecuadas.

# CAPÍTULO 11

# El año que viene, por este tiempo

Todos enfrentamos dificultades que parecen permanentes, como si nunca fueran a cambiar, y sueños y metas que parecen estar distantes. Es fácil desanimarse y aceptar que nunca sucederán. Pero lo que usted no puede ver es cómo Dios trabaja entre bastidores. Lo que Él le prometió, aún tiene toda la intención de cumplirlo.

Puede que todas las circunstancias digan que le tomará años salir de la deuda o conocer a la persona adecuada, pero Dios le va a sorprender. Sucederá antes de lo que parece. No se veía venir y usted no lo esperaba, pero de repente su salud mejora, su negocio despega, o rompe con aquella adicción. No se crea la mentira de que es permanente. Puede que usted no vea que las cosas cambien, pero mantenga la fe; está más cerca de lo que cree.

## Puede que parezca demasiado bueno para ser cierto

En Segunda de Reyes 4 había una mujer rica que vivía en el pueblo de Sunem. Cuando el profeta Eliseo pasaba por ese pueblo, lo invitaba a cenar con ella y con su esposo. Ella notaba que había algo especial en Eliseo, y le dijo a su esposo: "Es un hombre de Dios. Debemos cuidar de él". Así que mandó construir una habitación encima de su casa; una habitación de invitados para que Eliseo pudiera quedarse allí cuando pasara por el pueblo. Ella podría haber seguido simplemente invitándolo a cenar, lo cual hubiera sido muy amable por su parte. También podría haberle rentado una habitación en el hostal cercano, lo cual hubiera sido muy considerado por su parte. Pero esta mujer fue más allá en su deseo de cuidar de Eliseo. Él tenía su propia habitación en el terrado de su casa, con una preciosa cama, ventanas, y una buena alfombra.

Un día Eliseo estaba en el pueblo, descansando en esa cama, y comenzó a pensar en lo amable que esa mujer había sido y todo lo que había hecho para asegurarse de que él estuviera cómodo. Le dijo a su asistente: "Ve y pregúntale qué quiere que haga por ella. Pregúntale si quiere que le hable bien de ella al comandante del ejército". Cuando le preguntó, ella dijo: "No necesitamos nada. Vivimos en paz y tenemos seguridad; no necesitamos ningún favor especial. Somos bendecidos y tenemos salud; la vida nos ha tratado bien". Tal vez pueda pensar que Eliseo diría: "Está bien, lo intenté. Me alegro de que esta mujer esté bendecida". Pero Eliseo estaba decidido a hacer algo por ella y no se detuvo ahí. Le preguntó a su asistente: "¿Qué crees que puedo hacer por ella?". Él respondió: "Lo único que se me ocurre es que ella nunca ha tenido hijos. Ha sido estéril toda su vida y su esposo es mayor". Eliseo dijo: "Llámala, quiero hablar con ella". La mujer vino a la puerta, y Eliseo dijo: "El año que viene, por este tiempo, estará sosteniendo a un niño en sus brazos". Ella por poco se desmaya. Ese era su sueño, así que dijo: "Señor, por favor no me mienta de esa forma". A pesar de que ella creía que era demasiado bueno para ser cierto, y a pesar de que no lo creía realmente, un año después dio a luz a un niño completamente sano. Imagino que la cama que había construido para el profeta ahora era la cama de su niño pequeño. Ella nunca imaginó que esa habitación que había añadido para cuidar del hombre de Dios, un día la usaría para su propio hijo.

Cuando usted da para impulsar la obra de Dios y es generoso con sus ofrendas y con sus diezmos como fue esta señora, Dios siempre cuidará de usted. No puede darle algo a Dios sin que Él le dé más después. Esta mujer no necesitaba nada; estaba bendecida y contenta, pero Dios no permitirá que seamos simplemente dadores. Cuando usted da, le volverá en medida mayor, apretada y rebosante. Esta mujer ya había aceptado que no podía tener hijos, que era demasiado tarde. Había perdido su ventana de oportunidad, pero Dios no está limitado por lo natural; Él es un Dios sobrenatural. Puede hacer que ocurran cosas fuera del tiempo normal.

## Lo que no podemos comprar

Tal vez parezca que usted nunca podría tener un hijo, nunca podría cumplir un sueño o nunca podría salir de la deuda. Dios le dice lo que le dijo a la mujer de Sunem: "El año que viene, por este tiempo, verás que suceden cosas que nunca pensaste que pudiera suceder". Puede que el reporte médico no sea bueno, pero Dios puede hacer lo que la medicina no puede hacer. El año que viene, por este tiempo, usted podría ser libre del cáncer. Tal vez ha estado soltero o soltera durante mucho tiempo; pero prepárese. El año que viene, por este tiempo, usted podría estar felizmente casado. O tal vez el negocio va muy lento, pero no se desanime. El año que viene, por este tiempo, usted podría haber salido de la deuda.

"Yo no, Joel. Debería ver mis finanzas". Usted debería ver a mi Dios. Un solo toque de su favor hará que la abundancia se desborde. Cuando lea esto, puede parecer demasiado bueno para ser cierto; así es como se sintió esta señora. De hecho, ella dijo: "Eliseo, no me dé falsas esperanzas. Usted sabe por cuánto tiempo he soñado con tener un bebe". Su mente le decía que no sucedería, pero en lo profundo de su espíritu, algo susurró: "Esto es para ti, recíbelo. Tu bebé está en camino". Su mente le dirá todas las razones por las que no mejorará o por qué no saldrá de la deuda, especialmente en tan solo un año. Usted piensa que tardará treinta años. Puede que su mente diga que no, pero si usted escucha, en lo profundo de su espíritu oirá esa voz pequeña pero segura que dice: "Sí, está en camino".

> *Puede que su mente diga que no, pero si usted escucha, en lo profundo de su espíritu oirá esa voz pequeña pero segura que dice: "Sí, está en camino".*

Hablé con una mujer que había tenido un hijo que nació prematuramente. Su hijo pasó el primer año de su vida en el hospital, y aunque ella tenía seguro médico, no cubría la cantidad total que ella debía. La parte que debía eran tres millones de dólares, y a pesar de que estaba muy agradecida porque su hijo estaba vivo, ella es maestra, y parecía que estaría pagando esa deuda durante el resto de su vida. Recientemente recibió una carta de la junta directiva del hospital que decía: "Hemos decidido perdonar su deuda de tres millones de dólares". Si esta mujer hubiera leído este capítulo antes de recibir la carta, habría pensado: *Joel, se ha confundido de persona. ¿Yo, libre de la deuda en un año? Eso no es posible.* Pero si le pregunta hoy, ella le dirá que Dios puede hacer lo imposible. Solo porque no veamos la manera no significa que Dios no tenga una manera de hacerlo. La razón por la que usted no lo ve es porque Dios lo hará de una manera fuera de lo común; será inusual y no lo verá venir.

Lo que nos toca a nosotros es hacer lo que hizo la mujer sunamita en las Escrituras y dar con un espíritu generoso. Cuando usted está constantemente siendo una bendición,

Dios se asegurará de que siempre esté bendecido. Y no me refiero solamente a las cosas materiales; Dios puede darle lo que el dinero no puede comprar. Esta mujer ya tenía riquezas e influencia y conocía a las personas correctas, pero no tenía hijos. Dios le dijo: "Yo te daré algo que el dinero no puede comprar; aquí tienes un hijo". Dios puede traerle una conexión divina; alguien a quien usted pueda amar. Eso no se puede comprar. Dios puede darle paz en su mente para que usted pueda tumbarse por la noche y descansar bien. Eso no se puede comprar. Tal vez usted esté batallando con una enfermedad. Todos los diagnósticos dicen que es permanente, y le han dicho que simplemente aprenda a vivir con ella. Reciba esto en su espíritu: El año que viene, por este tiempo, usted estará sano, restaurado y de pie de nuevo, disfrutando de la vida. "Bueno, Joel, ¿cómo puede ser posible? El reporte médico dice que no hay manera". Hay otro reporte: Dios dice que Él restaurará su salud. Él dice que cumplirá el número de sus días.

## Sucederá

Escuché una historia acerca de una niña de doce años que tenía una forma rara de cáncer que no tenía cura. En lugar de ir a la escuela y jugar con sus amigos, ella pasaba sus días en el hospital, muy enferma. No parecía que pudiera aguantar mucho más, pero algunos investigadores recibieron la aprobación para usar con ella un medicamento experimental que nunca se había usado con personas. Ella comenzó a recibir este tratamiento, y después de dos meses, el cáncer comenzó a hacerse más pequeño. Seis meses después pudo volver a la escuela, y cuando tenía catorce años, contra todo pronóstico, era libre del cáncer. Pero si a esta joven le hubieran dicho cuando estaba en el hospital con cáncer terminal: "El año que viene, por este tiempo, estarás otra vez en la escuela sin cáncer, llena de energía y disfrutando de la vida", ella podría haber pensado: *Eso no es posible. Nunca antes ha sucedido con este tipo de cáncer.* Pero Dios tiene la última palabra. Es posible que usted piense que su matrimonio ya no puede ser restaurado, que ha tenido esa adicción por tanto tiempo que ya no podrá romperla, que nunca mejorará, o que nunca conocerá a la persona correcta, pero Dios dice: "El año que viene, por este tiempo, sucederá".

Con respecto a los sueños que parece que tardarán una vida entera en cumplirse, prepárese. Sucederá antes de lo que usted piensa. Las cosas están a punto de alinearse a la perfección, las personas correctas le encontrarán, y las oportunidades le perseguían. No estaría leyendo esto si Dios no estuviera a punto de hacer algo asombroso y fuera de lo común. Cuando intentábamos encontrar un terreno para construir un nuevo santuario, las puertas no dejaban de cerrarse. Nada parecía ir adelante, y yo ya no veía más opciones. No pensaba que pudiéramos seguir creciendo, y parecía que estábamos atascados. No teníamos más espacio. En ese entonces, cuando yo estaba tan desanimado, si me hubieran dicho que el año que viene, por este tiempo, tendríamos un edificio (uno de los

edificios más reconocidos de la ciudad, el Compaq Center)
que ya estaba construido al lado de la autopista principal,
yo habría pensado: *No es posible. ¿Cómo podría suceder eso?*
Eso sobrepasaba mi capacidad de razonamiento. Pero el hecho
de que yo no pudiera imaginármelo no significaba que no
fuera a suceder. Mire dónde estamos hoy.

Es posible que algunas de estas cosas usted no sea capaz
de verlas aún. Parecen demasiado lejanas y demasiado improbables, pero nuestro Dios es tan grande que eso no impedirá que
Él lo haga. Mientras usted lo honra, como hizo esta mujer en
las Escrituras, Dios no solo hará más de lo que usted pueda
imaginar, sino que además sucederá antes de lo que piensa.
No le tomará toda una vida cumplir ese sueño que Dios puso
en su corazón. El año que viene, por este tiempo, usted se
asombrará al ver dónde está. Si me hubieran dicho cuando
tenía veintidós años y estaba soltero, jugando al béisbol todas
las noches y sin haber salido nunca con nadie, que el año

> *El año que viene, por
> este tiempo, usted
> se asombrará al ver
> dónde está.*

que viene, por este tiempo, estaría
comprometido con una muchacha
preciosa, llena de talentos, divertida,
sexy y guapa llamada Victoria, no lo
habría creído. Pero eso no impidió
que Dios lo hiciera. Treinta y dos
años después seguimos casados, y yo sigo siendo igual de
guapo, digo, ella sigue siendo igual de guapa.

Dios tiene preparados para usted algunos de estos momentos de "el año que viene, por este tiempo", en los que mirará
atrás y dirá: "¡Vaya! Nunca soñé que tendría este puesto,

nunca soñé que a mis hijos les iría tan bien, o nunca soñé que pudiera construir ese orfanato". Prepárese para que Dios se muestre en su vida.

## Usted no podría haberlo soñado

Cuando yo era pequeño, nuestra familia conocía a un hombre de negocios que tenía mucho éxito. Él había hecho de su compañía una marca global conocida en todo el mundo. La compañía llevaba su nombre, y él era muy respetado y tenía mucha influencia, pero más adelante en su carrera, la economía cayó y su negocio comenzó a ralentizar el paso. Después de años de tener mucho éxito y ver muchas bendiciones, parecía que terminaría su carrera teniendo que cerrar su negocio y con su reputación dañada. Tenía ya más de ochenta años y tenía una deuda de millones de dólares, la cual no parecía haber forma de poder pagar. En su momento más bajo, cuando parecía imposible y no pensaba que la situación pudiera arreglarse, de la nada recibió una llamada. Un hombre de otra empresa le dijo: "Nos gustaría comprar su empresa. Pagaremos toda la deuda, renovaremos todas las sucursales y mantendremos su nombre para honrar su legado". Esa compañía se gastó más de cien millones de dólares en renovar las sedes. Hoy ese negocio está más vivo que nunca, pero si usted le hubiera dicho a ese hombre, en medio de su crisis cuando todo parecía imposible que "el año que viene, por este tiempo, no solo estará libre de la deuda, sino que su negocio estará floreciendo y su legado continuará vivo", él no se lo habría podido imaginar. No podría haber soñado que todo terminara tan bien.

Igual que con este hombre, algunas de las cosas que parecen tan imposibles y tan lejanas, el año que viene, por este tiempo, usted se asombrará. Usted no podría haber hecho que sucedieran; fue la mano de Dios sobre su vida.

Pensemos en José, metido en una prisión durante doce años después de haber sido traicionado por sus hermanos y acusado falsamente por la mujer de su jefe; una mala racha tras otra. En sus circunstancias no había ninguna pista de que él pudiera cumplir su sueño de gobernar sobre una nación. De hecho, parecía todo lo contrario. Si José me hubiera escuchado hablar en la televisión o en la radio, seguramente habría dicho: "Joel, aprecio el ánimo que me da, pero estoy en prisión, soy esclavo, no tuve juicio y no tengo abogado.

| *El momento se acerca.* |
|---|

No hay nadie de mi lado". Podría haberse desanimado, pero yo creo que en el fondo, José podía oír esa voz pequeña pero segura que decía: "Este no es tu destino. El momento se acerca".

Un día, el guardia llegó y le dijo a José que el faraón quería verlo. José fue e interpretó el sueño del faraón, y él quedó tan impresionado que le hizo primer ministro de Egipto. Dios ya ha preparado a personas en puestos de influencia que abrirán puertas que usted nunca podría haber abierto, y le ofrecerán oportunidades y ascensos que usted no vio venir. Como sucedió con José, no tendrá que encontrarlos, sino que ellos lo encontrarán a usted. Pero si le hubiéramos dicho a José, cuando estaba en la prisión después de doce años de malas rachas e injusticia que, el año que viene, por este tiempo, él sería el segundo en autoridad sobre la nación en lugar de estar en la cárcel, que tendría autoridad, sería respetado, admirado, y la gente le serviría, él podría haber pensado: *¿Está bromeando? ¿Acaso no ve los barrotes detrás de los que me encuentro? ¿Se da cuenta de que la mujer del jefe está en mi contra?* Una cosa es tener a un hombre en su contra, pero cuando una mujer está enojada con usted y da la casualidad de que está casada con su jefe, usted necesitará un milagro.

Puede que se encuentre en una de esas situaciones injustas que parece que nunca cambiarán. Dios le dice: "El año que viene, por este tiempo, las cosas cambiarán. El año que viene, por este tiempo, serás vindicado, ascendido y puesto en una posición de honor". ¿Por qué se preocupa? ¿Por qué eso le impide dormir? Dios sigue sentado en el trono, y Él no se ha olvidado de usted. Se acerca su momento. Lo que tiene delante parece un obstáculo que le hará tropezar y que no podrá superar, pero la verdad es que es un escalón para continuar subiendo y llegar a un nuevo nivel de su destino.

## Hágase ilusiones

En las Escrituras, un hombre llamado Amán trabajaba para el rey de Persia. Tenía un puesto de mucha influencia, pero dejó que se le subiera a la cabeza. Todos se postraban ante él, excepto un judío llamado Mardoqueo que era familiar de la reina Ester. Él sabía que el único ante quien debía postrarse era Dios. Esto molestó tanto a Amán que fue al rey y le dijo: "Hay un grupo de personas que no obedecen sus órdenes. Siempre se están metiendo en problemas, y deben ser aniquilados". Convenció al rey de que hiciera un decreto para que todos los judíos del reino fueran asesinados.

Pero una noche el rey no podía dormir. Le pidió a su asistente que le llevara el libro de las crónicas de los reyes en el que estaba narrada toda la historia de su reinado. El asistente llevó el libro y comenzó a leer los acontecimientos al rey en orden aleatorio. Daba la casualidad de que había un relato de cómo Mardoqueo había descubierto una conspiración para asesinar al rey. El rey estaba tan impresionado que a la mañana siguiente llamó a Amán y le dijo: "Amán, ¿qué cree que deberíamos hacer por un hombre a quien me gustaría honrar y que nunca ha sido reconocido por la ciudad?". Amán era tan arrogante que pensaba que el rey hablaba de él, así que pensó a lo grande. Dijo: "Rey, creo que deberíamos ponerle una túnica real, hacer un gran desfile y que alguien lo pasee por la ciudad en un caballo mientras proclama lo bueno que es este hombre". El rey dijo: "Me encanta la idea. Ahora ve, encuentra a Mardoqueo el judío y haz con él todo lo que has dicho". Para Amán, esto fue un contratiempo y una gran humillación.

Mientras tanto, la reina Ester organizó una reunión con el rey y con Amán en la que reveló lo que Amán estaba intentando hacer realmente. En lugar de deshacerse de todos los judíos, el rey se deshizo de Amán. Hizo un decreto que canceló el decreto anterior, y le dio a Mardoqueo el puesto que ocupaba antes Amán. Si le hubieran dicho a Mardoqueo, en medio de las dificultades cuando parecía que los judíos serían aniquilados, que el año que viene, por este tiempo, Amán ya no estaría, que el decreto original del rey sería derrocado, y que él estaría en un puesto de honor, podría haber pensado: *Eso es demasiado bueno para ser cierto. ¿Cómo podría suceder todo eso?* Dios tiene maneras de hacer las cosas que a nosotros nunca se nos hubieran ocurrido.

Puede que usted esté en una situación difícil, en la que algunas personas estén en su contra, sus finanzas no tengan buena pinta o tenga dificultades en una relación. Podría estar triste y preocupado, pero no pierda la paz. No es permanente. Igual que sucedió con Mardoqueo, el año que viene, por este tiempo, todo dará un giro y Dios lo usará en su favor. Dios se encarga de esos enemigos porque usted lo honra a Él. Él pelea sus batallas, y aquellas personas que están intentando detenerle no tendrán éxito. Parece que tienen ventaja, que tienen más autoridad o incluso están sobre usted, pero la buena noticia es que nuestro Dios está sobre ellos. Él controla el universo, así que usted siga haciendo lo correcto. No tome las riendas e intente hacer las cosas a su manera. Deje que Dios sea su vindicador, y el año que viene, por este tiempo, los enemigos que ve hoy no los verá más. El año que viene, por este tiempo, lo que se hizo con la intención de hacerle daño será cambiado y usado para que usted tenga ventaja.

"Joel, esto es alentador, pero no veo cómo puede suceder en mi vida". Mardoqueo tampoco lo veía, ni José ni esa niña de doce años. Usted no necesita ver cómo puede suceder; lo único que tiene que hacer es creer. Cuando usted cree, los ángeles se ponen a trabajar.

> *Usted no necesita ver cómo puede suceder; lo único que tiene que hacer es creer.*

Cuando usted cree, las fuerzas de la oscuridad son detenidas. Cuando usted cree, las cosas comienzan a cambiar en su favor.

Hablé con un hombre que había estado en prisión desde que tenía diecisiete años. Había sido condenado por vender drogas y sentenciado a cuarenta años. Había estado viendo nuestra retransmisión en la televisión desde la cárcel junto con otros presos, y había entregado su vida a Cristo. Ahora tenía una perspectiva muy diferente de su vida. En un mensaje me escuchó hablar de que Dios hará las cosas más pronto de lo que esperamos, y eso se arraigó en lo profundo de su espíritu. Comenzó a decirles a los otros presos que iba a salir pronto. Ellos lo miraban como si estuviera un poco loco, porque aún le quedaban veinticinco años de condena. Seis meses después, el alcaide lo llamó y le dijo: "Por su buen comportamiento, vamos a cancelar el resto de su condena. Puede irse". Los otros prisioneros lo miraron como diciendo: "¿Podría orar por nosotros?". Hace poco fue puesto en libertad, y Lakewood es el primer sitio al que fue. Llegó en avión desde otra ciudad. Cuando lo conocí, tenía los ojos llenos de lágrimas. Estaba tan agradecido y tan desbordado por la emoción que apenas podía hablar.

Igual que sucedió con él, el año que viene, por este tiempo, usted verá suceder cosas que nunca soñó que podrían pasar. El año que viene, por este tiempo, estará en un nuevo nivel en cuanto a su salud, sus finanzas o su carrera. El año que viene, por este tiempo, será libre de esa adicción. Dios está haciendo algo, y está a punto de mostrarse en su vida. "Bueno, Joel, usted lo único que hace es que la gente se haga ilusiones. Yo no creo que esto suceda en mi vida". Tiene razón; no sucederá. Esto es para las personas que creen. Debemos dejar que la semilla eche raíces. Y aquí está la clave: no se convenza a usted mismo de lo contrario. Convénzase de ello.

## Más pronto de lo que cree

En Segunda de Reyes 7, el ejército sirio había rodeado la ciudad de Samaria impidiendo que llegaran alimentos a los israelitas. El pueblo se moría de hambre y estaban más que desesperados. Parecía el final. El profeta Eliseo apareció y animó a los israelitas: "Mañana a estas horas, habrá tanta comida que podrán comprar una barra de pan por un centavo". La gente miró a Eliseo pensando que se había vuelto loco. Estaban rodeados y muriéndose de hambre; parecía imposible. Uno de los principales líderes dijo: "Eliseo, incluso aunque Dios abriera las ventanas de los cielos, eso no sucedería".

Había cuatro leprosos sentados fuera de la ciudad de Samaria que se dijeron los unos a los otros: "No tenemos nada que perder. Vamos a morir de todas formas, así que vayamos al campamento enemigo y rindámonos. Si nos perdonan la vida, viviremos". Comenzaron a caminar hacia el campamento, y Dios multiplicó el sonido de sus pasos. Los sirios pensaban que un ejército enorme se acercaba a atacarlos. Se llenaron de temor y huyeron por sus vidas, dejando tras de sí toda su comida, sus provisiones, e incluso su oro y su plata. Los leprosos volvieron y dijeron a los israelitas: "Ha sucedido lo que Eliseo dijo. Hay tanta comida que podríamos comprar una barra de pan por un centavo".

"Joel, pensé que dijo que el año que viene, por este tiempo". Sí, pero Dios también tiene algunos de estos momentos de "mañana como a esta hora". Puede que ni siquiera tarde un año entero. Dios sabe cómo acelerar las cosas, y sucederá antes de lo que usted cree. Está más cerca de lo que parece. Puede que todas las circunstancias digan: "Es imposible; nunca podría mejorar tanto tan rápido. Su negocio no podría cambiar en una noche. No puede superar esa adicción antes de mañana; tomará años". Usted no sabe lo que Dios está haciendo, y está mirando las cosas desde la perspectiva natural. Pero tenemos un Dios sobrenatural. No sea como ese líder de Samaria y piense en todas las razones por las que no puede suceder. Póngase de acuerdo con Dios y crea que algo bueno está en camino. Durante todo el día, dele gracias porque Él está obrando en su vida. Si lo hace, yo creo y declaro lo mismo que Eliseo le dijo a la mujer estéril: "El año que viene, por este tiempo, tendrá un bebé. Ese sueño se cumplirá. Ese problema se resolverá".

# CAPÍTULO 12

# Ordenado para ser bendecido

Cuando honramos a Dios con nuestra vida y hacemos todo lo posible para ponerlo a Él en primer lugar, la Escritura dice que Dios ordenará que sus bendiciones lleguen sobre nosotros. Cuando Dios ordena, no es un "quizá sucederá", o "espero que suceda", o "si las circunstancias son las apropiadas". No, cuando Dios ordena no hay si, y, o peros al respecto. Va a suceder.

Cuando Dios dijo "Sea la luz", la tierra estaba oscura, sin forma, como un agujero negro. Pero Dios no comprobó las circunstancias para ver si era posible la luz. No hizo que expertos analizaran las cosas para comprobar si podía suceder. Simplemente declaró las palabras. Cuando Él ordenó la luz, apareció a 300 000 kilómetros por segundo, y nada pudo detenerla. De modo similar, cuando Dios ordena que usted sea bendecido no comprueba de qué familia proviene, dónde trabaja, a quién le cae bien, o cuál es la situación de la economía. Nada de eso le importa a Dios. Todas las circunstancias pueden estar en su contra. Tal vez los expertos pueden decirle: "Nunca se recuperará. Nunca conocerá a la persona adecuada. Nunca tendrá éxito". Cada una de esas voces dice: "Está atascado, tan solo acéptelo. No hay modo alguno en lo natural". La buena noticia es que servimos a un Dios sobrenatural. Cuando Él ordena la bendición, todas las fortalezas de las tinieblas no pueden detenerlo.

Con la orden de bendición, usted irá a lugares donde nunca podría ir por sí mismo. Se abrirán puertas que usted no pudo abrir. Será ascendido, aunque no sea la persona más calificada. La orden de bendición hará que las victorias le encuentren. Contratos, oportunidades, negocios y favor irán tras usted. Ahora póngase de acuerdo con Dios. Deje de decir: "Nunca podré avanzar, Joel. A esas personas en el trabajo no les caigo bien". No importa a quiénes caiga usted bien en el trabajo; lo que importa es que le cae bien al Dios altísimo, y Él no está limitado por quienes están contra usted, quienes no le dan el mérito, quienes no le tratan correctamente. Un toque de su favor los apartará del camino y a usted lo situará donde ha de estar. No se desaliente por lo que es injusto, pues Dios ve lo que está sucediendo. Siga siendo su mejor versión; siga honrándolo a Él. Usted no trabaja para la gente sino para Dios, y cuando llegue su momento de ser ascendido, tenga la seguridad de que eso sucederá. Las personas no pueden detenerlo. Las malas rachas no pueden detenerlo. La injusticia no puede detenerlo. La orden de bendición sobre su vida triunfará sobre toda fuerza que intente retenerlo.

Conozco a un joven que trabaja en el campo médico.

Se graduó de la universidad y había estado en la misma posición de nivel básico en su empresa. Es un trabajador diligente y siempre hace más de lo requerido, pero nunca le cayó bien a su supervisor. Él no le daba ningún mérito, y antes de escogerlo a él, le daba ascensos a nuevos empleados que no tenían su formación ni su experiencia. No era justo y no le gustaba, pero él entiende este principio: como está honrando a Dios, hay una orden de bendición sobre su vida. Una mañana fue al trabajo y descubrió que su supervisor había renunciado inesperadamente. Tenía un problema familiar y tuvo que mudarse a otro estado. La administración lo llamó y le dijo: "Este supervisor le ha recomendado para que ocupe usted su puesto". Nunca le cayó bien a este supervisor y nunca lo apoyó, pero cuando usted tiene la orden de bendición, Dios hará que personas sean buenas con usted, aunque nunca lo hayan sido antes. Él usará incluso a sus enemigos para bendecirlo. Este joven estaba a la vez muy emocionado y perplejo. Me dijo: "Joel, ese hombre intentó retenerme. Intentó desacreditarme".

Aquí está la clave: las personas no tienen la última palabra; es Dios quien la tiene. Las personas no determinan su destino. Ellos no soplaron vida en usted, no lo llamaron ni tampoco contaron sus días. Puede que esté en una situación que siente que es injusta, en la que parece que alguien lo está deteniendo. No se preocupe. Llegará su

> *No se preocupe. Llegará su momento. Siga haciendo lo correcto cuando esté sucediendo lo incorrecto.*

momento. Siga haciendo lo correcto cuando esté sucediendo lo incorrecto. Hay una orden de bendición sobre su vida. Los demás no pueden detenerlo. Todas las circunstancias puede que estén en su contra, pero el Dios altísimo está a su favor.

## Declare la bendición

En Números 22, los israelitas estaban acampados en las llanuras de Moab, camino hacia Jericó. Cuando el rey de los moabitas vio cuántos israelitas estaban allí, tuvo miedo. Había un profeta llamado Balaam que vivía en una ciudad cercana. El rey sabía que el Señor siempre hacía lo que Balaam pedía, de modo que envió a algunos de sus hombres con una gran cantidad de dinero para ofrecerlo a Balaam como pago para que acudiera a maldecir al pueblo de Israel. Balaam dijo que oraría al respecto, pero que solo podía decir lo que Dios le dijera que declarara. Cuando oró, Dios dijo: "No debes ir con ellos, porque lo que yo he bendecido, tú no puedes maldecirlo".

Observemos que cuando Dios pone sobre nosotros la orden de bendición, no importa lo que alguien diga, no importa lo que haga o cómo nos trate. Lo único que importa es que Dios puso sobre nosotros su bendición, y todo lo demás no tiene efecto alguno. Los demás pueden decirlo, pero si usted no permite que eche raíces, eso no le detendrá. Tal vez sea injusto, quizá parezca que se está llevando lo mejor de usted, pero si se mantiene en fe, la bendición siempre superará a la maldición. Ellos tenían intención de detenerlo, pero Dios lo usará para ascenderlo.

Los representantes del rey regresaron y le dijeron al rey que Balaam no iría. El rey dijo que enviaran más oficiales distinguidos, llevaran más dinero, y regresaran para decirle que tenía que ir y maldecir a los israelitas. Ellos regresaron, pero Balaam dijo: "Incluso si el rey me diera todo el oro y la plata de este palacio, no tengo poder para hacer nada contra la voluntad de mi Dios". Ellos pasaron la noche allí, y durante la noche, el Señor le dijo a Balaam que fuera con ellos pero que hiciera solamente lo que Él le dijera. Cuando llegó, el rey dijo: "Balaam, ¿por qué tardaste tanto tiempo? Deberías haber venido inmediatamente. Necesito que maldigas a ese pueblo". Balaam dijo: "Volveré a orar, pero solo puedo decir lo que el Señor me diga que declare". Tras realizar un sacrificio elaborado, Balaam tuvo un encuentro con el Señor, quien le dio esta palabra para el rey: "Esto es lo que dice el Señor. Los israelitas tendrán éxito y se convertirán en una gran nación. Tendrán descendencia demasiado numerosa para poder contarla". El rey dijo: "Balaam, ¡detente! ¿Qué me has hecho? Te traje aquí para maldecirlos, pero en cambio los estás bendiciendo". Balaam volvió a decirlo: "No puedo maldecir lo que Dios ya ha bendecido".

Si Balaam estuviera hoy aquí, diría lo mismo: "No puede usted ser maldecido. Hay una orden de bendición sobre su vida". Cuando experimente desengaños, cuando sucedan cosas injustas, es fácil sentir que eso ha nublado su futuro. Tenga una nueva perspectiva. Lo que Dios ha bendecido, nada puede maldecirlo. Cuando entienda que tiene esta orden de bendición, no estará triste porque alguien esté hablando de usted. No estará preocupado por sus finanzas o desalentado debido a un revés, pues sabe que toda fuerza que está intentando detenerlo no puede cambiar la bendición que Dios puso sobre su vida.

Me gusta que cuando Balaam había de maldecir a los israelitas e iban a pagarle mucho dinero por hacerlo, no solo se negó, sino que Dios hizo que comenzara a declarar bendiciones sobre su pueblo. Él comenzó a decir que los israelitas iban a tener éxito, avanzar y lograr grandes cosas. Este es un principio espiritual que Dios nos estaba mostrando. Cuando el enemigo nos diga todas las razones por las que no vamos a mejorar, no saldremos de la deuda o no venceremos el reto, en lugar de estar de acuerdo con él, debemos hacer lo que hizo Balaam y comenzar a declarar victoria: declarar salud, declarar favor, declarar abundancia.

El enemigo quiere que usted maldiga su futuro con palabras y pensamientos negativos. Sabe que no puede detenerlo, pero si puede convencerlo de que vaya por ahí desalentado y pensando que ha llegado a su límite, evitará que llegue a su destino. Tiene que cambiar eso. Dígale al enemigo: "¿Quieres que maldiga mi futuro? Tengo otra idea. Voy a bendecir mi futuro". "Bueno, nunca saldrás de la deuda, y siempre estarás batallando". "No, gracias. Tienes a la persona equivocada. Yo prestaré y no tomaré prestado. Todo lo que toque prosperará y tendrá éxito. He sido ordenado para ser bendecido". Cuando él susurre: "Ya viste el reporte médico.

Nunca vas a mejorar. Vamos, ponte de acuerdo conmigo. Maldice tu futuro", cambie esas palabras y declare: "Dios me está devolviendo la salud. Él cumplirá el número de mis días". "Bueno, mientras más oras, peor se pone tu hijo". "No, gracias, pero yo y mi casa serviremos al Señor. La simiente de los justos, mi simiente, será poderosa en la tierra". Quizá tenga muchas cosas que llegan contra usted y todas las voces dicen: "Esto no va a funcionar". Le pido que sea un Balaam y declare la bendición y no la maldición.

> *Dígale al enemigo:*
> *"¿Quieres que maldiga*
> *mi futuro? Tengo otra*
> *idea. Voy a bendecir*
> *mi futuro".*

## Nada puede detenerlo

A veces no son nuestros propios pensamientos los que intentan desalentarnos, sino lo que dicen otras personas. Los demás le dirán lo que no va a ser, que no va a ponerse bien, que sus sueños no van a cumplirse. Esta es la clave: ellos pueden declarar derrota durante todo el día, pero son impotentes para cambiar la bendición que hay sobre su vida. Nada de lo que digan o hagan puede apartar la bendición. Ellos no le dieron la bendición y tampoco pueden arrebatarla. Fue puesta sobre usted por el Dios que dio existencia al mundo con sus palabras, y Él no solo le dio la bendición, sino que también ordenó la bendición. Hay una libertad cuando entendemos esto. Cuando alguien habla mal sobre nosotros, nuestra actitud debería ser: *No es tan importante. Ellos no pueden detener la bendición sobre mi vida.* "Bueno, fue una mala racha. Lo despidieron". "Sí, pero no estoy preocupado. Sé que la bendición siempre supera a la maldición". "Bueno, proviene de un barrio difícil. No parece que tenga un gran futuro por delante". "No, donde estoy no es donde me quedaré. La orden de bendición me llevará donde he de estar".

Hablé con una mujer que se crió en un ambiente disfuncional. Fue abusada por su padre, y él le decía constantemente que no era buena en nada y que era indigna, que nunca llegaría a nada bueno. Ella era solo una niña pequeña, y no sabía otra cosa. Creyó las mentiras y creció sintiéndose avergonzada e inferior. Con siete años de edad, el estado se la quitó a su padre y fue de una casa de acogida a otra, sin sentirse amada o aceptada. Creció y se convirtió en una joven adicta a las drogas, con malas relaciones, teniendo varios hijos de distintos padres y viviendo en la pobreza. No parecía que la situación fuera a cambiar nunca; pero cuando tenía veintitantos años, una amiga le invitó a la iglesia y ella entregó su vida a Cristo. Comenzó a tomar mejores decisiones, haciendo todo lo posible por honrar a Dios. Escuchaba nuestros mensajes sobre reprogramar la mente y no creer las mentiras que las personas han dicho de nosotros. No sucedió de la noche a la mañana, pero poco a poco las cosas comenzaron a cambiar en su favor. Pudo regresar y terminar la secundaria a sus más de treinta años. Una amiga le ayudó a entrar en la universidad, donde una profesora se esforzó por ayudar a que se le abriera la puerta a la escuela de enfermería. Un administrador de un hospital le mostró favor y le contrató por encima de varios otros candidatos que estaban más cualificados. Actualmente está a cargo de todo su departamento, supervisando a varios cientos de enfermeras y enfermeros en un hospital grande. ¿Qué sucedió? La orden de bendición le fue dada.

La orden de bendición superará a toda persona que haya intentado detenernos. La orden de bendición compensará lo que usted no pudo obtener. Hará que personas se esfuercen por ser buenas con usted; le situará en el lugar correcto en el momento adecuado. Quizá las personas hayan intentado derribarlo, pero Dios está a punto de levantarlo; tal vez intentaron evitar que alcanzara su propósito, pero no tienen poder alguno para cambiar la bendición que hay sobre su vida. Puede que muchas cosas salgan contra usted, pero creo que Dios está a punto de ordenar algunas cosas. Igual que hizo por ella, Él está a punto de ordenar justicia, vindicación y liberación de personas que no lo están tratando bien. Él va a ordenar aumento, ascenso, y que se abran puertas que le llevarán al siguiente nivel. Él va a ordenar libertad, victorias y sanidad. Esa adicción y esos malos hábitos no son su destino. Él va a ordenar sanidad, restauración y fortaleza. Esa enfermedad está llegando a su fin. Quizá no haya sucedido aún, pero este es un nuevo día. Usted verá las bendiciones ordenadas aparecer en su vida. Dios va a hacer que sucedan cosas que le sorprendan, cosas que no vio usted llegar.

> *La orden de bendición superará a toda persona que haya intentado detenernos.*

## Las bendiciones llegarán a su vida

La Escritura dice que, cuando obedecemos, las bendiciones de Dios nos perseguirán y nos alcanzarán. He visto eso en mi propia vida. La mayoría de los grandes cambios, los eventos importantes, llegaron a mí en vez de ser yo quien los persiguiera. Yo solo estaba honrando a Dios, siendo mi mejor versión, y esas cosas me persiguieron. Yo no sabía que el Compaq Center iba a estar disponible, pero un hombre se acercó a mí de forma repentina y me dijo: "Joel, tiene que llamar al alcalde. Ese debería ser el edificio de Lakewood". Un editor a quien no había conocido antes acudió a mí y me dijo: "Quiero publicar sus libros". Sirius XM Radio se acercó a mí y dijo: "Aquí está un canal de radio por satélite". Eso es la orden de bendición. Dios hará que le persigan oportunidades, favor y contratos.

Aquí está la clave: usted no tiene que ir tras la bendición; debe ir tras Dios. Hónrelo a Él con su vida, y la bendición le seguirá. Dios ordenará que haya cosas que le encuentren. En el capítulo 3 vimos brevemente la historia que se encuentra en Lucas 5 cuando Jesús tomó prestada la barca de Pedro para enseñar a la gente que se había reunido en la orilla. Cuando Jesús terminó, quiso compensar a Pedro, y le dijo que saliera a las aguas profundas y echara las redes para pescar. Pedro había estado pescando toda la noche y no había agarrado nada. Como pescador profesional, Pedro sabía que la mañana no era un buen momento para pescar. No tenía ganas de volver a salir, y creía que sería una pérdida de tiempo. Pero en lugar de convencerse a sí mismo de lo contrario, le dijo a Jesús: "Sin embargo, haré lo que has dicho". Decidió obedecer. Cuando lanzó sus redes, pescó tantos peces que

> *En lugar de convencerse a sí mismo de lo contrario, le dijo a Jesús: "Sin embargo, haré lo que has dicho".*

las redes comenzaban a romperse, y tuvo que llamar a otra barca para que lo ayudara a recoger toda la pesca.

Eso es lo que sucede cuando caminamos en obediencia. Hay una orden de bendición sobre nuestra vida. Dios hará que sucedan cosas que nosotros no podríamos hacer suceder. Lo interesante es que no hubo nada de pesca durante la noche, pero Dios controla los peces. Él sabe cómo llevar cosas a su vida incluso cuando las condiciones no son favorables, cuando usted no conoce a las personas adecuadas, o cuando ha tenido la adicción por mucho tiempo. Quizá nadie en su familia ha sido realmente exitoso, y parece que así van hacer siempre las cosas para usted. No, Dios está a punto de hacer algo nuevo. Usted lo intentó y no funcionó la última vez, pero debido a su obediencia, Dios está hablando a los peces en este momento. No va a ser una pesca pequeña, un pequeño cambio o una bendición pequeña. Dios está a punto de hacer algo grande, algo tan inusual que otras personas lo notarán. Se preguntarán: *¿Qué hay en usted? ¿Cómo pudo liderar a la empresa en las ventas? ¿Cómo pudo sobreponerse al cáncer? Yo vi el reporte médico. ¿Cómo pudo casarse con esa hermosa mujer? ¿Cómo pudo comenzar su propio negocio?*

*Eso no parece posible.* Es la orden de bendición. Es Dios que hace que los peces le encuentren a usted. Quizá no vea cómo todo eso puede suceder, pero tampoco lo vio Pedro. Todo en su razonamiento decía: "No hay nada de pesca en esas aguas".

En otras palabras, quizá sea cierto que el reporte médico no es bueno, o que ha estado soltero por mucho tiempo, o que no tiene la formación adecuada. La buena noticia es que Dios no está limitado por lo que usted no tiene, por las personas a quienes conoce o por la economía. Lo único que Él tiene que hacer es hablar, y los peces no solo aparecerán, sino que también le encontrarán, llegarán a su barca. Usted no tiene que hacer nada para que suceda, solamente siga poniendo a Dios en primer lugar y eche sus redes. Esta orden de bendición, como un imán, atraerá buenas rachas, sanidad, favor a las personas adecuadas.

## Más de lo que puede pedir o pensar

Si recuerda la historia de Rut y Booz que relatamos previamente, puede ver la orden de bendición en plena exhibición. Rut iba a los campos de Booz cada mañana y recogía las sobras de trigo que los cosechadores habían dejado. Ella y su suegra, Noemí, vivían de las sobras, y apenas podían sobrevivir. No parecía que hubiera una orden de bendición sobre la vida de Rut. No parecía que su situación fuera a cambiar nunca. Booz podría haber dicho: "Digan a esa extranjera que salga de mi propiedad. Esto es terreno privado". O podría no haberse molestado en prestarle ninguna atención, y eso habría sido el final. Pero cuando Dios hizo que Rut hallara favor con Booz, lo que siguió fue una orden de bendición tras otra. Ella de repente tenía mucho trigo, mucho más del que necesitaban ella y Noemí. No solo eso, sino que tam-

> *Ella pasó de trabajar en el campo a ser la dueña del campo.*

bién terminó enamorándose de Booz, y se casaron. Ella pasó de trabajar en el campo a ser la dueña del campo.

Cuando usted tiene esta orden de bendición sobre su vida, Dios hará que encuentre favor con las personas adecuadas. No tiene usted que hacer nada para agradar a la gente. No tiene que intentar manipular a nadie o convencer a esa persona para caerle bien. Dios hará que usted destaque, como Rut. Él producirá conexiones divinas, atraerá a personas que quieran ayudarle, no por lo que usted pueda hacer por ellas, no debido a su formación, su experiencia, su aspecto o sus talentos, sino simplemente porque Dios ha hecho que le muestren favor.

Rut no pudo haber hecho que eso sucediera. Ella no conocía a Booz; era una extranjera en una tierra extraña, una viuda pobre. Nada en sus circunstancias decía que ella sería bendecida, exitosa, que sería dueña de esos campos. Cuando llegó por primera vez a Belén, si le hubieran dicho lo que iba a suceder, ella habría dicho: "Eso es imposible. No hay modo alguno". Cuando usted mire sus circunstancias, sus sueños, los retos que enfrenta, quizá piense que nunca podría funcionar. Igual que Pedro, usted estuvo pescando toda la noche y no sucedió nada la última vez. O quizá como Rut, haya tenido algunos desengaños y reveses. No está donde pensaba que estaría en la vida, pero Dios sabe no solo cómo atraer la pesca y la provisión, sino que también como hizo con Rut, atraerá a las personas adecuadas, personas que utilizarán su influencia para ayudarle a pasar al siguiente nivel. Si pudiera ver dónde va a llevarlo Dios, las personas que va a traer a su vida, las puertas que va a abrir y la influencia que va a darle, se quedaría asombrado. Mirará atrás y dirá: "No vi venir esto. No vi venir ser dueño del campo. No vi venir el Compaq Center. No vi venir la sanidad, la libertad, la abundancia". Va a ser más de lo que usted puede pedir o pensar.

## La orden de bendición es nuestra

Esto es lo que le sucedió a un amigo mío. Se mudó a Houston hace catorce años atrás con el sueño de comenzar su propio negocio. No conocía a nadie en la ciudad, no tenía ningún contacto, pero dio un paso de fe. Llegó a Houston un viernes, y el domingo asistió a Lakewood. Un mes después se prestó voluntario como ujier, sirviendo en diferentes ministerios, honrando a Dios y dando lo mejor de sí mismo. Comenzó su negocio en la industria financiera, y comenzaron a abrirse puertas. Tuvo retos y obstáculos, pero en el camino pudo ver la mano de Dios. Entonces, hace dos años atrás estaba realizando consultoría con unos clientes en Chicago, y conoció a un caballero mucho mayor que era dueño de una inmensa firma financiera, una de las mayores del mundo. Este hombre mayor se interesó en él, comenzó a alentarlo y a darle consejos. Cuando este joven le habló de su visión, que todos sus críticos le habían dicho que era demasiado grande y que nunca podría lograrlo, este hombre se rió y dijo: "No les crea. Es demasiado pequeña. Usted hará algo mucho más grande". El hombre tenía el deseo de comprar una parte de la empresa de este joven e hizo una valoración basándose en lo que valdría la empresa en el futuro, que sobrepasaba con diferencia su valor actual. Mi amigo vendió recientemente el veinticinco por ciento de su empresa a este caballero, y ahora es dueño de una de las mayores firmas financieras independientes de todo Texas. Lo interesante es que hace catorce años atrás su empleo era reponer artículos en un supermercado para pagar su renta. Si le preguntara, él le diría: "No vi venir esto. Nunca soñé que mi negocio despegaría. Nunca soñé con que este hombre fuera tan bueno conmigo. Nunca soñé que sería un líder en mi campo".

Esa es la orden de bendición. Usted siga honrando a Dios, y Él llevará a su camino a las personas adecuadas. Ese hombre mayor no tenía por qué ser bueno con él; no tenía por qué valorar la empresa del modo en que lo hizo. Podría haber negociado el precio de otra manera. Pero Dios hará que personas quieran ser buenas con usted. Quizá piense que no conoce a las personas adecuadas, que no tiene las conexiones. No se preocupe, pues Dios tiene todo eso. Usted siga honrándolo a

Él, y Él hará que las personas ade-

*Él va a traer los peces* cuadas le encuentren. Él va a abrir

*hacia sus redes.* las puertas correctas; va a traer los

peces hacia sus redes. Un día mirará

atrás y dirá: "¡Vaya! No vi llegar eso". Se debe a que usted

ha sido ordenado para ser bendecido.

Pero algunas veces vivimos como si fuéramos ordenados
para batallar, ordenados para estar solos, ordenados para ser
adictos. El cambio tiene que producirse en el interior, en
nuestros pensamientos, antes de que suceda en el exterior.
¿Por qué no se libra de todos los pensamientos negativos y
comienza a creer que está usted ordenado para ser bendecido,
ordenado para estar sano, ordenado para ser libre? Si lo hace,
yo creo y declaro que como Dios hizo por mi amigo, Él
está a punto de ordenar aumento, de ordenar abundancia,
de ordenar sanidad, de ordenar libertad sobre usted.

# CAPÍTULO 13

# Expectativas superadas

Todos tenemos cosas que creemos que sucederán: sueños que se cumplirán o problemas que se solucionarán. Estaríamos contentos si las cosas fueran como nosotros queremos que vayan, pero a veces lo que nosotros tenemos en mente no es lo mejor que Dios tiene. Nosotros pensamos en lo ordinario; Dios piensa en lo extraordinario. Nosotros pensamos: *Quisiera tener lo suficiente para poder sobrevivir*; Dios piensa en abundancia. Nosotros pensamos: *Me gustaría poder controlar esta adicción*; Dios piensa en libertad. Muchas veces pedimos lo posible cuando Dios quiere hacer lo imposible. Él es especialista en superar nuestras expectativas. Lo que Él tiene preparado para usted es más grande, tiene mayor recompensa y es más satisfactorio de lo que pueda imaginar.

El apóstol Pablo dijo en Efesios 3 que Dios puede hacer cosas que van mucho más allá de lo que nosotros podemos pedir o pensar. Él no solo hará lo que usted pide, sino que lo superará. Él abrirá puertas que usted nunca pensó que pudiera abrir, y le llevará más allá de lo que se pueda imaginar. Usted mirará atrás y pensará: *Nunca soñé que estaría tan bendecido; nunca soñé que tendría este puesto; nunca soñé que me casaría con alguien tan increíble.* Prepárese. Dios está a punto de superar sus expectativas. Él hará que sucedan cosas que usted no vio llegar. Usted no las merece y tampoco trabajó para ganárselas; simplemente es la bondad de Dios mostrando favor sobre su vida.

## Bendiciones que ni soñó

En el capítulo 10 hablé sobre la historia del hombre paralítico en Hechos 3, que se sentaba en la puerta del templo para mendigar. Había hecho eso durante toda su vida, día tras día. De vez en cuando alguien le daba alguna moneda, y así es como sobrevivía. Cuando Pedro y Juan pasaron por su lado aquel día, el hombre repitió lo que siempre decía: "¿Tienen alguna moneda? ¿Me ayudan?". La mayoría de las personas lo ignoraban y seguían caminando, pero Pedro se detuvo y le dijo al hombre: "Míranos". La Escritura dice que el hombre miró esperando recibir un regalo. Puedo imaginármelo extendiendo su mano para recibir algunas monedas, pero Pedro le dijo: "No tengo plata ni oro, pero tengo algo mucho mejor. En el nombre de Jesús, levántate y anda". Pedro lo tomó de la mano, lo ayudó a levantarse, y al instante fue sanado. Comenzó a caminar y a saltar, y a darle gracias a Dios.

Pero fíjese en lo que el hombre esperaba. Él esperaba

lo ordinario, unas cuantas monedas, lo mismo que había estado esperando durante los últimos cuarenta años. Pero Dios intervino y superó sus expectativas. El hombre no lo vio llegar; pensaba que tendría que estar tumbado junto a esa puerta mendigando el resto de su vida, pero un momento de favor, tan solo una expectativa superada lo impulsó a un nuevo nivel y cambió toda su vida. Aún puedo escucharle diciendo: "Nunca soñé que podría caminar.

> *Un momento de favor, tan solo una expectativa superada lo impulsó a un nuevo nivel y cambió toda su vida.*

Nunca soñé con poder correr y jugar con mis hijos; nunca soñé que no tendría que mendigar el resto de mi vida".

Dios tiene preparadas para usted bendiciones que ni soñó. Puede que no sea capaz de ver cómo sucederá, porque el reporte médico no luce bien, porque quizá ha llegado hasta donde le permite llegar su educación, o porque se encuentra en medio de un ambiente limitado. La buena noticia es que nada de esto detiene a nuestro Dios. Él controla el universo y un solo toque de su favor le catapultará donde usted no podría haber llegado por sí mismo. De la misma manera que Pedro le habló al hombre paralítico, yo le digo a usted que se levante y camine. Es su momento para ser libre, para romper las ataduras, y para llegar a nuevos niveles. Yo declaro que todas las fuerzas que le retienen están siendo rotas ahora mismo. Dios está derramando sanidad, favor, oportunidades, restauración y libertad. Este es un nuevo día y Dios está haciendo algo nuevo. Él está a punto de superar sus expectativas.

## Asombroso

Me encanta el hecho de que Dios no le dijo a este hombre, a pesar de tener muy pocas expectativas y esperar tan solo unas cuantas monedas: "Qué lástima. Tenía preparado algo mucho mejor pero no tienes suficiente fe. Iba a sanarte, pero tus expectativas no eran lo suficientemente altas". Dios es misericordioso, e incluso cuando nosotros no tenemos la fe suficiente y pensamos que hemos llegado a nuestros límites, Dios dice: "Está bien. Te mostraré favor a pesar de eso".

La Escritura dice que cuando tenemos fe del tamaño de una semilla de mostaza, nada es imposible. Las semillas de mostaza son de las semillas más pequeñas. Dios podría haber dicho: "Si tienes una gran fe y nunca dudas ni te desanimas, haré algo grande". Pero Dios sabe que habrá momentos en los que no tendremos la fe suficiente para alcanzar nuestro destino, así que Él dice: "Si tienes, aunque sea un poquito de fe, eso es todo lo que necesitas. Entonces me mostraré y superaré tus expectativas". El hecho de que usted esté leyendo esto me dice que tiene por lo menos una fe como un grano de mostaza. Eso significa que usted tiene la fe necesaria para que Dios se muestre en su vida. Tiene la fe necesaria para que Dios lo catapulte a nuevos niveles, pero igual que sucedió con este hombre, puede que sienta que está atascado haciendo lo mismo una y otra vez. Tal vez piense que tiene algún tipo de desventaja, y espera recibir por lo menos unas cuantas monedas, por decirlo de alguna forma, esperando lo ordinario.

Así estaba también este hombre, pero Dios intervino e hizo lo extraordinario. Puede que usted tenga una buena razón para acomodarse en el lugar donde se encuentra, pero Dios le ama demasiado como para dejar escapar su destino. Puede que parezca un día normal, en el que sucede lo mismo de siempre y todo parece rutinario. Pero no, pre-

> *Puede que parezca un día normal, en el que sucede lo mismo de siempre y todo parece rutinario. Pero no, prepárese.*

párese. Dios está a punto de intervenir y hacer algo inusual que usted no haya visto jamás. Él superará sus expectativas.

Cuando las personas que estaban en el templo vieron al hombre paralítico después de haber sido sanado, las Escrituras dicen que estaban asombrados. Lo que Dios está a punto de hacer en su vida hará que la gente le mire asombrada. Dirán: "¿Cómo puede ser que haya sido tan bendecido? Yo sé de dónde salió usted". "¿Cómo puede usted ser tan libre cuando a su alrededor hay tanta gente adicta?". "¿Cómo puede usted ser tan fuerte, estar tan sano, y tener tanta energía? El reporte médico decía que no se pondría bien". Dios hará de usted un ejemplo de su bondad divina. Cuando Él supere sus expectativas, las personas se darán cuenta y verán el favor sobre su vida.

## Más de lo que usted imaginó

Cuando miro atrás a mi propia vida, puedo ver una y otra vez cómo Dios superó mis expectativas. Tenía veintidós años y estaba soltero cuando entré a una joyería para comprar una pila para mi reloj. La chica más preciosa que yo hubiera visto jamás salió para atenderme. Era Victoria. No la conocía, y cuando ella miró mi reloj dijo: "Necesita algo más que una pila; necesita un reloj nuevo. ¿Le gustaría ver algunos?". Yo dije: "Por supuesto que sí". Estaba tan embelesado con ella que podría haberme vendido hasta una central eléctrica. Ella me puso un reloj en la muñeca y dijo: "Le queda muy bien". A continuación, miró el precio y dijo: "El precio es este, pero puedo vendérselo por la mitad". ¿Ve lo mucho que me quería? Yo entré a ese lugar esperando comprar una pila para mi reloj, y en cierto modo salí no solo con un reloj nuevo, sino con una mujer y dos hijos; más de lo que hubiera podido pedir o pensar. Victoria es una expectativa superada, y yo le recuerdo que conseguirme fue un trato estupendo; fue la mitad del precio.

Me encantaría decirle que yo esperaba abundancia, favor, ascenso, y que el Compaq Center fue idea mía porque yo tenía una gran fe, pero ese no es el caso. El Compaq Center no fue idea mía; fue Dios superando nuestras expectativas. Yo crecí comprando entradas para ver jugar al básquet a los Houston Rockets en ese mismo auditorio. Nunca, ni en mis mejores sueños, podría haberme imaginado que un día seríamos dueños de esas instalaciones, y si algún día usted piensa que Dios no puede superar las expectativas, tan solo visite Lakewood alguna vez y eche un vistazo. Es literalmente una expectativa superada. "Bueno, Joel, yo no tengo una gran fe". Yo tampoco la tenía. "Todas las circunstancias están en mi contra". Ese es el mismo patrón de pensamiento que tenía el paralítico, pero nada de eso detiene a nuestro Dios. Cuando Él excede sus expectativas, no serán superadas por un poco, ni tampoco serán tan solo algo más de lo que usted pensaba; un poco de bendición o un poco de abundancia. Dios las superará abundantemente y mucho más allá de lo que usted pueda pensar. Lo que Dios entiende por abundancia es mucho más de lo que nosotros podamos pedir o imaginar.

En el 2004, cuando mi primer libro estaba siendo preparado para ser enviado a la imprenta, me enteré de que la editorial iba a imprimir 250 000 ejemplares. No me lo podía creer y llamé a Victoria, preocupado: "Los de la editorial deben estar locos. Están cometiendo un gran error". Mi papá vendía aproximadamente 10 000 ejemplares de cada uno de sus libros, y yo basaba en eso mis expectativas, pero Dios no quiere que usted se quede en el mismo nivel que sus padres. Él quiere que usted ponga un nuevo listón. Él superará sus expectativas en mayor abundancia de lo que a usted le enseñaron. Como hizo el hombre paralítico, yo esperaba lo ordinario, esperaba lo que había visto cuando era pequeño, pero Dios se mostró e hizo lo extraordinario. Él superó mis expectativas de manera abundante, y ese libro llegó a vender millones de ejemplares.

Lo que quiero decir es esto: lo que Dios tiene preparado para usted es mucho más grande de lo que pudo haber imaginado, y yo declaro que antes o después usted recibirá algunas de esas expectativas superadas. ¿Por qué no ejercita su fe? En lugar de pensar: *Oh, eso no sucederá en mi vida, Joel, tan solo intenta animarme,* recuerde que no se puede tener

> *¿Por qué no ejercita su fe?*

fe sin antes tener esperanza. Dele a Dios algo con lo que trabajar. Atrévase a decir: "Señor, gracias porque vas a superar mis expectativas. Gracias porque me llevarás a donde yo no puedo ir por mí mismo".

## Las oportunidades correctas y las personas correctas

Escuché hablar acerca de un hombre que había tenido problemas de riñón la mayor parte de su vida. Su condición siguió empeorando, y llegó al punto en el que necesitaba un trasplante. Su mujer oró creyendo que ella sería un donante compatible. Le hicieron las pruebas y descubrieron que ella era donante perfectamente compatible. Los dos estaban muy agradecidos y fueron a la Clínica Mayo para proceder al trasplante. Cuando los cirujanos hicieron la operación para quitarle uno de los riñones a la mujer, se sorprendieron gratamente, ya que descubrieron que ella tenía tres riñones en lugar de dos. Esto es muy raro, pero todos sus riñones estaban perfectamente sanos. Le quitaron uno y se lo trasplantaron a su esposo, y ella quedó con dos riñones.

Así es como Dios superó sus expectativas. Dios ya lo tiene todo solucionado, y Él sabe lo que usted va a necesitar. Él sabe a quién va a necesitar usted. Él está preparando las oportunidades correctas y a las personas adecuadas. Él dirige sus pasos. Pablo escribió en Efesios acerca del favor de Dios que sobrepasa todo entendimiento. Usted llegará a estos momentos en los que verá cómo Dios sobrepasa todo lo que usted se haya imaginado. Usted no habría podido hacer que sucediera; así es la bondad de Dios.

Tengo una amiga en el ministerio que pasa la mayor parte de su tiempo en las calles ayudando a las mujeres que han sido víctimas de abuso y que batallan con adicciones. Hace tiempo, a través de una serie de eventos poco comunes, conoció a uno de los hombres más ricos del mundo. Él le preguntó cómo se ganaba la vida, y ella explicó que ayudaba a mujeres en crisis. Él dijo: "Eso es asombroso. Quiero ayudar". Le dio el cheque más grande que ella jamás había recibido. Cuando se marchaba de la oficina de este hombre, entró también un amigo de él. El hombre le dijo a su amigo: "Esta mujer ayuda a otras mujeres que están en apuros. Yo acabo de darle un regalo, ¿cuánto le va a dar usted?". Sin titubear, el amigo dijo: "Voy a dar la misma cantidad que acaba de dar usted". Esta mujer salió de allí asombrada, pensando: *Nunca soñé que dos de los hombres más ricos del mundo apoyarían mi ministerio.* ¿Qué fue eso? Fue Dios haciendo más de lo que ella pudiera pedir o pensar. Puede que usted se pregunte cómo cumplirá sus sueños o cómo saldrá de esa dificultad, pero Dios tiene preparadas a las personas correctas. Él sabe cómo ponerle en el lugar adecuado y hará que sucedan cosas que usted no vio venir.

## Pasar la prueba

Una mañana me desperté y en mi espíritu escuché esta frase de forma contundente: "Dios superará nuestras expectativas". Victoria y yo estábamos en otro estado en ese momento, y habíamos intentado hacer despegar un proyecto durante varios meses sin tener éxito viendo cómo se cerraba puerta tras puerta y sin poder conectar con la persona correcta. Cuando escuché aquella frase, comencé a repetirla: "Señor, gracias porque vas a superar mis expectativas". Dejé que eso ocupara mi mente una y otra vez. Más tarde ese mismo día, estábamos a punto de subirnos a un avión para volar a casa, y Victoria dijo: "Vayamos rápidamente a aquel negocio y probemos por última vez". Fuimos al negocio, pero las puertas estaban cerradas porque era festivo. Necesitábamos que nos ayudara alguien, así que llamamos al número que estaba en la puerta. Un hombre respondió a nuestra llamada diciendo: "Esperaba una llamada de otra persona y pensaba que este era su número, si no, no hubiera descolgado el teléfono". Cuando le dijimos lo que queríamos, respondió: "Estoy fuera con mi familia, pero quiero ayudarles. Estaré ahí en un momento". Vino a donde estábamos nosotros y nuestro proyecto salió adelante. Estábamos en el lugar correcto en el momento correcto con la persona adecuada. En menos de veinticuatro horas todos los trámites

> *Fue mucho mejor de lo que esperábamos, y sucedió mucho más rápido de lo que nunca soñamos.*

estaban listos. Fue mucho mejor de lo que esperábamos, y sucedió mucho más rápido de lo que nunca soñamos.

Pero yo creo que el haber escuchado esa frase aquella mañana era una prueba. ¿Iba a creer que Dios podía superar mis expectativas y a dejar que esa semilla echara raíces? ¿O iba a desechar la idea y a pensar: *Oh, ese es un pensamiento positivo, pero nunca sucederá*?

Dios le dice a usted hoy: "Estoy a punto de superar tus expectativas. Te mostraré favor de maneras que nunca antes hayas visto". Mi reto para usted es este: deje que esto eche raíces en su espíritu. Es fácil descartarlo y decir: "Nunca sucederá. Las circunstancias están en mi contra y ha pasado demasiado tiempo".

Esto es exactamente lo que le sucedió a la mujer suna- mita sobre la que hablamos en el capítulo 11. Ella y su esposo habían intentado durante muchos años tener un bebé, y ella había aceptado que eso simplemente no era para ella. Cuando el profeta Eliseo le dijo: "El año que viene, por este tiempo, sostendrás un hijo", ella escuchó aquellas palabras en lo natural y pensó: *Eso es imposible. Mi esposo es demasiado viejo y yo ya he pasado los años en los que podía concebir. No hay manera de que eso ocurra.* En el fondo ella quería creer, pero su mente le decía todas las razones por las que nunca sucedería. Ella le dijo a Eliseo: "Señor, no me mienta de esa manera". De hecho, ella estaba diciendo: "No me dé falsas esperanzas; eso es demasiado bueno para ser cierto". Ese era un sueño que estaba muy arraigado en su corazón y ella lo quería con todas sus fuerzas, pero simplemente no tenía la fe suficiente. La buena noticia es que hay algunas cosas que Dios hará por usted incluso si usted no cree. Él es tan misericordioso que pasará por alto la duda y hará cosas que usted no podría ni soñar; cosas que le traerán más gozo y más satisfacción de lo que pueda imaginar. Dios superó sus expectativas a pesar de que ella no creía. Ese es el Dios al que servimos.

Hay promesas que Dios le ha dado y sueños que Él ha puesto en su corazón. Parece imposible, ha pasado demasiado tiempo, y usted tal vez ya ni lo espera. Dios le dice lo que le dijo a ella: "Yo aún haré que suceda". Solo porque usted se haya dado por vencido no significa que Dios lo haya hecho, y yo declaro que de la misma forma que sucedió con ella, algunas de estas cosas usted las verá cumplidas el año que viene, por este tiempo. Puede que usted no vea un camino, pero Dios tiene un camino. Si esta mujer no creyó y vio la promesa cumplida, imagine lo que Dios puede hacer cuando usted cree. Ejercite su fe.

## Más de lo que pidió

"Pero Joel, he estado haciendo esto durante mucho tiempo, más de un año, y nada cambia. No veo que suceda nada". Eso significa que usted está en la misma situación en la que estaba Ana en el primer libro de Samuel. Ella había estado casada durante muchos años, pero también era estéril. Su marido tenía otra mujer que tenía un bebé tras otro y se reía de Ana, molestándola porque ella no podía tener hijos. Esto sucedía año tras año. El marido intentaba consolar a Ana, diciendo: "No te preocupes por ella. Yo te amo", pero nada de eso ayudaba. Ana estaba desconsolada y molesta. Sabía que Dios había puesto ese sueño en su corazón, y no podía entender por qué no estaba sucediendo.

Un día, Ana fue al templo y se postró en el piso. Con gran aflicción, hablaba con Dios y decía: "Dios, si me das un hijo te lo devolveré. Lo traeré al templo y dejaré que viva aquí". Cuando el sacerdote Elí la vio en el piso llorando, se acercó a ella y le dijo: "Ana, alégrate. El Señor ha oído tu petición y te dará un hijo. Ve en paz". Ella recibió aquella promesa en su espíritu, y concibió. Nueve meses después dio a luz a un hijo varón a quien llamó Samuel. Estaba muy satisfecha porque tenía al hijo con el que había soñado, y aquí podría terminar esta gran historia con otra promesa cumplida, pero a Dios le gusta superar nuestras expectativas. La Escritura dice que el Señor visitó a Ana de nuevo, y dio a luz a tres hijos más y dos hijas. Ella pidió un hijo, pero fíjese en lo bueno que es nuestro Dios. Es como

> *"Puede que estés satisfecha, pero yo no lo estoy. Haré más de lo que pediste".*

si Dios dijera: "Ana, puede que estés satisfecha, pero yo no lo estoy. Haré más de lo que pediste".

Yo creo que una de las razones por las que Dios fue tan bueno con Ana era por todo el dolor que ella había soportado, teniendo que esperar mientras la otra mujer tenía bebés y sufriendo la burla y el ridículo. Dios ve todo el dolor, las lágrimas, las situaciones injustas y la gente que le hizo daño. Puede que lo que usted está creyendo que sucederá no haya sucedido aún, y puede que tarde mucho tiempo como sucedió con Ana, pero Dios es fiel. Él no solo hará que suceda (eso sería suficiente, usted estaría satisfecho) sino que hará más de lo que usted haya pedido. Eso significa que una vez que tenga su bebé, por decirlo de alguna manera, una vez que vea la promesa cumplida, Dios no habrá terminado de ser bueno con usted. Él le visitará de nuevo y se mostrará de otra forma. Usted pidió un bebé, pero Dios tiene cinco más que están esperando ser suyos. Él le recompensará por lo que usted ha pasado. Nuestra actitud debería ser: *Señor, gracias porque me visitarás de nuevo. Gracias porque harás más de lo que yo pido. Gracias por superar mis expectativas.*

## Con abundancia, ascendido y más fuerte

En 2 Crónicas 20, el rey Josafat estaba rodeado por tres ejércitos importantes que en las Escrituras se describen como una gran multitud. Josafat llamó a todos para orar y dijo: "Dios, no tenemos poder para enfrentarnos a este poderoso ejército sin tu ayuda. No sabemos qué hacer, pero nuestros ojos están puestos en ti. Por favor, libéranos". Dios le dijo al rey: "No tengas miedo. La batalla no es tuya sino del Señor. Mañana, marcha hacia tus enemigos, pero ni siquiera tendrás que pelear. Quédate quieto y verás como el Señor te libera". Ellos estaban emocionados. Tenían la promesa de que Dios iba a pelear en su favor, y mientras marchaban hacia sus enemigos al día siguiente, comenzaron a cantar y a darle gracias a Dios. Cuando los enemigos oyeron aquel ruido y tanto escándalo, se confundieron y comenzaron a pelear entre ellos. Acabaron matándose unos a otros y ninguno escapó. Cuando el pueblo de Judá llegó, no solo no tuvieron que pelear, sino que también todas las provisiones del enemigo estaban allí abandonadas. Las Escrituras nos dicen que encontraron grandes cantidades de equipamiento, ropa y otras cosas valiosas; más de lo que podían llevarse. Tardaron tres días en juntar todos los despojos y llevarlos de vuelta a casa.

Josafat le pidió a Dios que les liberara de aquellos enemigos, y Dios lo hizo. Ni siquiera tuvieron que pelear. Ese fue un gran milagro que merecía celebración, y el rey podría haberse marchado a casa dándole gracias a Dios con agradecimiento en su corazón, pero nuestro Dios supera nuestras expectativas. Igual que sucedió con Ana, Él dijo: "Josafat, te visitaré de nuevo. No solo haré lo que pediste y te libraré, sino que además haré que el enemigo pague por lo que ha hecho. Haré que salgas de esta situación con abundancia, ascendido y más fuerte". Ellos marcharon hacia esos enemigos con las manos vacías, pero volvieron cargados de provisiones. Puede que usted tenga obstáculos en su camino y dificultades que perjudiquen su salud, sus finanzas o una relación, y le está pidiendo a Dios que cambie

> *Habrá botín. Él hará que usted salga de ahí siendo mejor de lo que era antes.*

esa situación. No se desanime. Dios no solo le sacará de eso, sino que tendrá preparados para usted algunos despojos; habrá botín. Él hará que usted salga de ahí siendo mejor de lo que era antes. Él superará sus expectativas.

Ahora le pido que no se convenza a usted mismo de lo contrario. A veces, cuando hemos batallado en un área de nuestra vida durante mucho tiempo, nos ponemos cómodos. Igual que sucedió con el hombre paralítico, esperamos unas cuantas monedas; algo que nos sustente y nos ayude a sobrevivir. Dios está a punto de hacer algo nuevo. Usted está pidiendo que Dios haga lo posible, pero Él hará lo imposible y le llevará a lugares en los que usted nunca ha estado. No más monedas, no más disfunción, no más esterilidad, y se acabó el estar atascado en su carrera. Está a punto de recibir algunas de estas expectativas superadas. Dios hará más de lo que usted haya pedido. Usted ha sido fiel, lo ha honrado a Él, y ahora Dios se mostrará en su vida. Cada mañana diga: "Señor, gracias porque superarás mis expectativas". Si lo hace, yo creo y declaro que Dios está a punto de visitarle de nuevo. Él ha sido bueno con usted y usted ha dado a luz a su Samuel, pero aún no ha visto nada. Se abrirán nuevas puertas y le llegará abundancia y ascenso que usted no vio venir. Los problemas se solucionarán y la salud será restaurada; ¡se acercan expectativas superadas!

# CAPÍTULO 14

# Está en camino

Lo que usted está creyendo, las promesas en las que se apoya, los sueños por los que ha estado orando, ya están en camino. La sanidad está llegando, el ascenso está llegando, el favor está llegando, las personas correctas están llegando. Puede que aún no vea ninguna señal de eso, y todo parece igual. Lo que no puede ver es que, entre bastidores, Dios está apartando de su camino a las personas incorrectas, está apartando las fortalezas de las tinieblas. Él está alineando las cosas en su favor, preparando los cambios que necesita. A Él se le llama el autor y consumador de nuestra fe. Él va a terminar lo que comenzó en nuestra vida. Dios no le trajo hasta aquí para abandonarlo. Quizá tenga usted grandes retos, pero servimos a un Dios grande. Sus enemigos quizá sean poderosos, pero nuestro Dios es todopoderoso. Ese sueño puede parecer imposible. Usted no cree que tiene las conexiones, los recursos o el talento, pero Dios puede hacer lo imposible. Incluso cuando todas las probabilidades están en su contra, Dios está por usted, y está diciendo: "El favor está en camino".

A veces necesita que estas palabras de fe sean declaradas sobre su vida. Las palabras tienen poder creativo. Si permite que echen raíces, prenderán la fe en su espíritu. Debido a que la vida tiene su manera de derribarnos, si no tenemos cuidado levantaremos la mirada y nos daremos cuenta de que no estamos creyendo como antes lo hacíamos. No somos apasionados, no soñamos. No vemos cómo nuestra situación podría salir adelante. Pero aquí está la clave: no tenemos que solucionarlo; nuestra tarea es creer; nuestra tarea es salir cada día con expectativa y decir: "Dios, puede que yo no vea un camino, pero sé que tú tienes un camino. Creo que mi victoria está llegando. Creo que mi sanidad, el ascenso, la libertad de esta adicción, es solo cuestión de tiempo hasta que se muestre". Si no tiene usted esta anticipación de que está en camino, puede evitar que suceda.

Quizá tenga grandes obstáculos en su camino que no puede vencer por sí mismo. La buena noticia es que no está usted solo; tiene la fuerza más poderosa del universo soplando en su dirección. Cuando Él habla, se dividen los mares, los ojos de los ciegos se abren, los sueños regresan a la vida. Nosotros vemos nuestras circunstancias en lo natural, pero Él es un Dios sobrenatural. El profeta Isaías dice que Él va delante de usted, enderezando los lugares torcidos, peleando sus batallas. Ninguna persona puede detenerlo; ninguna mala racha, ninguna enfermedad y ningún fracaso. Recupere su fuego. Tiene que avivar su fe. Quizá antes usted creía, era apasionado y estaba emocionado por la vida, pero las cosas no han resultado de la manera que usted esperaba. Tuvo malas rachas y algunos desengaños. Dios está diciendo: "Es momento de volver a creer. Es momento de volver a soñar". Usted no ha visto aún sus mejores días. Lo que Dios le prometió va a suceder. No es demasiado tarde. Usted no ha perdido demasiadas oportunidades.

> *Tiene la fuerza más poderosa del universo soplando en su dirección.*

Si no ha sucedido antes, es que no habría sido el momento adecuado. Ahora es el momento. Comience a creer otra vez.

## No está muerto; solo duerme

Quizá alguien lo pisoteó en el pasado, alguien le ofendió, pero eso no detuvo el plan de Dios para usted. No renuncie a sus sueños y viva dañado y herido, pensando que otros arruinaron su vida. Ellos no controlan su destino; no tienen tanto poder sobre usted. Lo que hicieron quizá no fue justo, pero Dios se lo va a compensar. Él está diciendo que nuevos comienzos están de camino: nuevas amistades, nuevas oportunidades. Ellos tenían intención de hacerle daño, pero Dios lo usará para su bien. El problema que está enfrentando no es demasiado grande para nuestro Dios. El reporte médico no es demasiado malo, porque Él tiene la última palabra, y dice que la sanidad está en camino. Él va a devolverle su salud. Quizá ha batallado en sus finanzas por mucho tiempo, y parece que nunca avanza. Ahora se ha conformado con donde está, pensando que siempre va a ser así. Dios está diciendo: "Yo tengo aumento en camino. Tengo favor, ascenso y oportunidades que llevan su nombre escrito". Dios dice que Él abrirá las ventanas de los cielos y derramará bendiciones que no podremos contener. ¿Por qué no se levanta cada día y ora: "Padre, gracias, porque llega la abundancia a mi camino; gracias, porque prestaré y no pediré prestado; gracias, porque estás abriendo puertas que ningún hombre puede cerrar"? Cuando vive con esta expectativa, es entonces cuando se cumplen sueños, se abren puertas que usted nunca pudo abrir. Es entonces cuando verá bendiciones explosivas que le catapultarán hasta el siguiente nivel.

Sin embargo, demasiadas personas han renunciado a lo que Dios puso en su corazón. Lo intentaron y no funcionó, y ahora creen que el sueño está muerto. Nunca se recuperarán, nunca conocerán a la persona adecuada, nunca tendrán abundancia; pero lo que creemos que está muerto no lo está en realidad. Esa semilla sigue teniendo vida. Dios no aborta sueños. Él no renuncia a lo que puso en nosotros.

En el capítulo 11 de Juan, le llegó a Jesús la noticia de que su buen amigo Lázaro estaba muy enfermo. Él estaba en otra ciudad, y le pidieron a Jesús que fuera a orar por él. Jesús se demoró un par de días, y Lázaro murió, pero es interesante que Jesús les dijo a sus discípulos: "Nuestro amigo Lázaro está dormido. Voy para despertarlo". Lázaro estaba muerto claramente, pero Jesús tenía una perspectiva distinta. Dijo que Lázaro solo dormía. ¿Podría ser que lo que usted cree que está muerto en realidad no esté muerto? Quizá piensa que su matrimonio nunca va a lograrlo, que nunca recuperará la salud, o que nunca alcanzará el sueño. Igual que Lázaro estaba en el sepulcro, todas las circunstancias dicen que ha terminado, pero Dios dice: "Yo tengo una perspectiva distinta. Puedo ver cosas que ustedes no pueden ver. No está muerto; solo duerme". Puede parecer permanente, pero lo cierto es que es solamente temporal.

Jesús llegó a la casa de Lázaro cuatro días tarde. Lázaro llevaba dentro del sepulcro tanto tiempo que apestaba; su cuerpo estaba tan muerto que olía mal. A veces, todos tenemos cosas en la vida que apestan. Quizá su matrimonio parece tan muerto que apesta. Esa bancarrota apesta. Ese despido apesta. Ese error que usted cometió apesta. Jesús fue al sepulcro y les dijo que quitaran la piedra. Marta dijo: "No, Jesús. Huele demasiado mal. No va a gustarte". Jesús dijo: "No, Marta. Haz que aparten esa piedra".

¿Cuál es el punto? Jesús fue donde estaba el mal olor. A veces creemos que Dios solo nos ayudará si hemos vivido perfectamente, si todo es bonito y sano, pero Dios va a los lugares apestosos en nuestra vida. Esa persona que le hizo daño, que le ofendió, apesta. Dios está diciendo: "Déjame entrar. Voy a despertar la sanidad, voy a despertar la restauración, voy a despertar el nuevo comienzo". Usted se siente condenado por ese error que cometió, y todas las voces le dicen: "Dios no va a bendecirte. No llegará nada bueno a tu camino. Lo estropeaste todo. Apestas". Dios está diciendo: "No. Quiten esa piedra. A mí no me molesta el mal olor".

Dios va a los lugares apestosos donde usted fue traicionado, donde perdió a ese ser querido, donde hizo concesiones, donde se siente descalificado. Dios dice: "Déjame entrar. El mal olor es solo temporal. El sueño no está muerto; solo duerme".

Jesús miró en el sepulcro a Lázaro y gritó con fuerte voz: "¡Lázaro, sal fuera!". Lázaro despertó. Había estado muerto por cuatro días, pero salió del sepulcro y siguió viviendo muchos años más. Yo creo que cosas a las que usted ha renunciado, cosas que cree que están muertas, igual que Lázaro, están a punto de despertar. Matrimonios están despertando, sueños están despertando, sanidad está despertando, abundancia está despertando. Dios nos dice lo mismo que les dijo a los discípulos: "No está muerto; solo duerme. La sanidad está llegando, el gozo está llegando, la victoria está llegando". Puede que haya estado dormido por mucho tiempo, y usted piensa: *No hay modo de que pudiera suceder ahora*. Eso era lo que pensaban Marta y María, pero no es demasiado tarde, no ha llegado demasiado lejos. Usted tiene que prepararse. Dios está a punto de despertarlo.

## Despierte del sueño

Eso es lo que Dios hizo por Sara en la Escritura. Ella y su esposo Abraham habían intentado durante décadas tener un bebé. Cuando Sara tenía ochenta años, todo decía, hablando lógicamente, que no había modo alguno de que eso pudiera suceder, pero Dios les prometió que ella daría a luz un hijo.

Lo que Dios nos ha prometido, Él hará que suceda. Él no está limitado por las leyes de la naturaleza. Usted no está a merced de su edad, su educación académica o su trasfondo. Dios tiene poder ilimitado. Un toque de su favor puede cambiar una situación. Sara creía que su vientre estaba muerto, pero no entendía que solo estaba dormido. A los noventa y un años de edad dio a luz un bebé; la promesa se cumplió.

> *Dios tiene poder ilimitado. Un toque de su favor puede cambiar una situación.*

Dios ha puesto sueños y promesas en usted igual que lo hizo en Sara. Puede que aún no se hayan cumplido. Usted lo intentó una y otra vez, pero no funcionó. Ahora puede que se haya conformado y piense: *Bueno, sencillamente no tenía que ser*, pero Dios está lleno de sorpresas. Él está a punto de despertar ese sueño al que usted ha renunciado; está a punto de dar vida a lo que usted pensaba que estaba muerto. Sus días posteriores van a ser más satisfactorios que sus días primeros. Dará a luz a más en el futuro de lo que haya perdido en el pasado. Su bebé está en camino, su promesa está en camino, ese sueño está en camino.

Cuando era joven, Moisés cometió un error y mató a un hombre. Estaba intentando liberar de Egipto al pueblo de Dios, tenía ese sueño en su corazón, pero se apresuró. Tuvo que huir para salvar su vida y terminó pasando años en lo más recóndito del desierto. Estoy seguro de que pensaba: *Yo tenía un gran sueño. Sabía que iba a hacer algo grande con mi vida. Sabía que iba a dejar mi marca, pero lo estropeé.*

Él renunció a su sueño. No tenía a nadie a quien culpar excepto a sí mismo, pero tan solo porque nosotros abandonemos no significa que Dios también abandona. Cuarenta años después, Dios acudió a él y le dijo: "Moisés, estoy aquí para despertar tu sueño. Ahora es el momento de ir a liberar a mi pueblo". Moisés fue e hizo precisamente eso; vio el cumplimiento de su sueño.

Igual que Moisés, puede que usted también haya cometido errores; todos los hemos hecho. Tal como le sucedió a Sara, quizá usted ha tenido decepciones; sus planes no salieron bien y ahora cree que ha pasado demasiado tiempo. Aquello a lo que ha renunciado no está muerto; solo duerme. Ese negocio que usted quería comenzar, ese libro que quería escribir, esa adicción que ha estado intentando romper; cada pensamiento le dice que es demasiado tarde, que es usted demasiado viejo, que nunca va a suceder. No, prepárese, pues Dios está a punto de despertarlo. Su bebé va a llegar, su cónyuge va a llegar. Ese negocio va a llegar, la libertad va a llegar. Ahora póngase de acuerdo con Dios. Él lo está despertando, de modo que no permita que vuelva a dormir. Avive su fe. Crea que está en camino. Salga con expectativa. Cuando su mente le diga: "Nunca vas a recuperar la salud", despierte la sanidad. "Dios me está devolviendo la salud". Cuando diga: "Nunca saldrás de la deuda", despierte la abundancia. "Prestaré y no pediré prestado". Cuando le diga: "Nunca vencerás ese problema" despierte la victoria. "Dios siempre me hace triunfar". Mantenga su mente dirigida en la dirección correcta.

# Una fe maravillosa

En Marcos 6, Jesús regresó a su ciudad natal y comenzó a enseñar al pueblo en la sinagoga. Ellos habían oído que Jesús había hecho grandes milagros, había calmado los mares, y había abierto los ojos de los ciegos. Pero cuando lo vieron allí enseñando, pensaron: *Es solamente Jesús. Nos criamos con él, es el hijo del carpintero. No hay nada de especial en él.* Como no creyeron en Él, no pudo hacer muchos milagros en su ciudad natal. La Escritura dice que Jesús se maravillaba de su incredulidad. A manera de contraste, en el libro de Mateo, un oficial romano acudió a Jesús y le dijo: "Uno de mis empleados está muy enfermo. No tienes que venir a mi casa, tan solo declara la palabra y sé que él será curado". Cuando Jesús oyó aquello, la Escritura dice que se asombró y dijo: "No he encontrado en todo Israel una fe tan grande". En un lugar, Jesús se maravilló de la duda de la gente, y en el otro se maravilló de su fe.

Cuando Dios le mira a usted, ¿de qué se maravilla? "Nunca me pondré bien. He tenido esta enfermedad por mucho tiempo. Nunca alcanzaré mis sueños. Lo intenté y no salió bien". Cuando piensa de ese modo, Dios se maravilla de su incredulidad, y eso ata sus manos. ¿Por qué no sale en fe? "Sí, he tenido esta enfermedad por mucho tiempo, pero sé que mi sanidad está en camino. Tuve una mala racha, no fue justo, pero sé que Dios tiene belleza en lugar de estas cenizas. Sé que hay favor en mi futuro". Cuando pensamos de ese modo, Dios se maravilla de nuestra fe. Eso es lo que le permite hacer más de lo que podemos pedir o pensar.

Lo interesante es que las personas que dudaban, las personas que tenían la incredulidad, eran las personas religiosas, que estaban en la sinagoga cada semana y eran miembros fieles. Digo esto con respeto, pero algunas veces la religión intentará apartarle de lo mejor de Dios para usted. Le dirá: "En la dulce eternidad puede vivir una vida victoriosa, pero aquí abajo tiene que sufrir y soportar. No espere demasiado". Si Jesús estuviera aquí, se maravillaría de esa incredulidad. A mi papá le enseñaron en el seminario hace años que el tiempo de los milagros había terminado. "Dios ya no sigue sanando, bendiciendo y mostrando favor. Eso era para los tiempos de la Biblia". Pero aprendimos que nunca hubo un tiempo de milagros; hay un Dios de milagros, y Él sigue vivo.

> *Nunca hubo un tiempo de milagros; hay un Dios de milagros.*

Él sigue en el trono. Lo que quiero decir es que este oficial romano que tenía una gran fe no era una persona religiosa. No había sido adoctrinada para pensar que no podía suceder. Él simplemente creyó: *Ese hombre es el Hijo de Dios. Lo he visto hacer milagros. Lo ha hecho por otros, y puede hacerlo por mí.* Él recibió su milagro mientras que las personas religiosas se fueron con las manos vacías.

Cuando quitamos los límites a Dios y nos atrevemos a creer en nuestros sueños, no debemos sorprendernos si las personas intentan convencernos de lo contrario. Dirán cosas como las siguientes: "¿Realmente creía que se pondría bien? ¿Realmente creía que podía comenzar ese negocio? ¿Va a romper esa adicción? No lo sé. Me parece un poco exagerado". Dios va a maravillarse de su fe o de su incredulidad. No permita que otra persona le aleje de lo que Dios puso en su corazón. Crea en grande, sueñe en grande y ore en grande. Dios desea ser bueno con usted, quiere hacerle un ejemplo de su bondad para que dondequiera que usted vaya ni siquiera tenga que decir nada y su vida sea un testimonio. Personas le mirarán y dirán: "Es una persona bendecida. Es muy favorecida". Usted irradia gozo, paz, favor y victoria. Es usted un testimonio vivo.

Jesús no le dijo al oficial romano: "No voy a hacer nada por ti, porque no asistes a mi sinagoga. No vas a mi iglesia". Él no dijo: "No eres de mi nacionalidad ni te pareces a mí. ¿Quién piensas que eres?". Nada de eso significaba una diferencia. Lo único que le importaba a Jesús era: "Este hombre tiene una gran fe. Cree que yo puedo hacer algo fuera de lo ordinario, de modo que voy a mostrarme fuerte en su vida". Quizá usted piensa que no es lo bastante religioso y por eso Dios nunca le ayudaría. Hay personas que me dicen a menudo: "Joel, le veo en televisión, pero yo no soy una persona religiosa. No me crié en la iglesia como usted". Es como si se estuvieran disculpando. Permítame decirle que Dios no busca la religión; busca personas que simplemente crean en Él, que sepan que Él controla el universo, que crean que Él puede hacer lo imposible.

## La única explicación posible

Recibí un correo electrónico de una pareja. Poco tiempo después de casarse, el esposo comenzó a tener problemas con su equilibrio y control muscular. Sus músculos se tensaban tanto en la noche que apenas podía levantarse de la cama en la mañana. Su esposa tenía que ayudarlo a subir al vehículo, y a veces tenía que llevarlo al trabajo porque él no podía conducir. La situación era cada vez peor, y llegó hasta el punto de que él ni siquiera podía cargar a su bebé. Fueron a visitar a un médico, y después de muchas pruebas y análisis le diagnosticaron una enfermedad muscular progresiva que es incurable, algo parecido a distrofia muscular. Quedaron devastados. En la noche, llegaron estos pensamientos a la esposa: *¿Y si él no puede trabajar? ¿Y si pierde su empleo y perdemos la casa? ¿Y si él muere? Nuestra hija crecerá sin tener un padre.* Ellos no se criaron en la iglesia, ni tampoco tenían un trasfondo religioso, pero una noche a las tres de la mañana mientras ella estaba dando un masaje a las piernas de su esposo porque le dolían mucho, encendieron el televisor y vieron nuestro programa. Mientras escuchaban, oyeron sobre el favor y la bondad de Dios, y que Dios puede hacer lo que la medicina no puede hacer, y algo se encendió en su interior.

Resultó que unos pocos meses después llegaba a su ciudad nuestro evento Noche de Esperanza, y asistieron. El hombre apenas podía recorrer la larga distancia desde el estacionamiento hasta el auditorio. Al final del servicio, los dos se pusieron de pie y entregaron sus vidas a Cristo. La esposa dijo: "En un instante supimos que nuestras vidas cambiaron para siempre. Podíamos sentir que éramos diferentes por dentro". Comenzaron a creer que la sanidad llegaría a su camino. Al regresar del auditorio hasta el vehículo, ella observó que su esposo no tenía tanto dolor. A medida que pasaron las semanas, los síntomas fueron disminuyendo cada vez más. Meses después fueron a Houston para su chequeo anual con el mismo equipo de médicos. Después de hacer todas las pruebas para obtener los nuevos indicadores, los médicos llegaron con expresión de perplejidad. Dijeron: "No podemos explicarlo. Nunca antes hemos visto que esto suceda, pero no podemos encontrar señal alguna de la enfermedad". Uno de los médicos preguntó al hombre si había algo que había hecho de modo distinto, y él dijo "Lo único que he hecho distinto es que entregué mi vida a Cristo". El médico dijo: "Esa es la única explicación que puedo darles". Igual que el oficial romano, ellos no eran personas religiosas, pero se atrevieron a creer. Parecía imposible, pero ellos dijeron: "Dios, sabemos que puedes hacer lo imposible. Creemos que la sanidad está de camino".

En el Antiguo Testamento, los israelitas habían vagado por el desierto por muchos años y Dios estaba a punto de llevarlos a la Tierra Prometida, pero había siete naciones en su camino que eran mucho más grandes. Moisés no sabía lo que iban a hacer, pues en lo natural nunca podría derrotarlos. Pero Dios les dijo en Deuteronomio 7: "No tienen que pelear estas batallas en sus propias fuerzas. Yo voy delante para limpiar el camino. Voy a hacer suceder cosas que ustedes no podrían hacer suceder. Voy a derrotar a sus enemigos".

Igual que les sucedió a los israelitas, todos enfrentamos momentos en donde todo está en nuestra contra. Es fácil pensar: *Esta enfermedad muscular es incurable, esta enfermedad es mucho mayor que yo. Esta adicción es mucho más fuerte que yo. Estas personas que están en mi contra tienen mucho más poder.* No se preocupe. Dios va delante de usted ahora mismo limpiando el camino. Por sí mismo puede que se vea superado. Aquello a lo que se enfrenta puede que sea más grande, más fuerte, más talentoso, y tenga más

> *Aquello a lo que se enfrenta puede que sea más grande, más fuerte, más talentoso, y tenga más recursos, pero usted no está solo.*

recursos, pero usted no está solo. El Dios que controla el universo dice que Él se ocupará de sus enemigos. En otras palabras, el cáncer puede que sea más fuerte que usted, pero no es más fuerte que nuestro Dios. Esa deuda quizá parezca insuperable, y no ve cómo podría llegar a salir de ella, pero no es rival para nuestro Dios. Él es el dueño de todo. Él hace calles de oro.

## Estar quietos y ver

Hablé recientemente con un caballero que ha batallado por años con la adicción a las drogas. Es un ejecutivo, tiene un puesto estupendo, y nadie sabe nada al respecto, pero la adicción está arruinando su vida. Me dijo: "Joel, me siento impotente. Lo he intentado todo. No puedo parar". Yo le dije lo que le estoy diciendo a usted. Por sí mismo no puede hacerlo, pero tiene de su lado al Dios que dio existencia al mundo con sus palabras. En lugar de decir que no puede hacerlo y quedarse en lo negativo, durante el día diga: "Padre, gracias porque tú estás derrotando a mis enemigos. Gracias porque estás limpiando el camino. Sé que tú eres más fuerte que esta adicción, más poderoso que este cáncer, mayor que esta deuda. Señor, gracias porque la sanidad va a llegar; salud, libertad y victoria están en camino". La Escritura lo expresa diciendo que no es por nuestra fuerza ni por nuestro poder, sino por el Espíritu del Dios altísimo. Usted no tiene que hacerlo por sí mismo.

Cuando el faraón y su ejército parecían tener atrapados a los israelitas en el Mar Rojo, Moisés les dijo: "Quédense quietos, y verán la liberación del Señor". Puede que usted se enfrente a algo grande en este momento. No se desaliente, no viva estresado, tan solo esté quieto. Dios está limpiando el camino; Él está peleando sus batallas, y le dará la victoria sobre enemigos poderosos. Puede que no suceda de la noche a la mañana, pero mientras usted esté creyendo, Dios está obrando. En el momento adecuado, Él lo llevará a su tierra prometida. Esa victoria está en camino.

Una joven a la que conocemos tenía una deuda de setenta y cinco mil dólares por sus estudios universitarios. Tiene veintitantos años, y está comenzando su carrera. Esa deuda se veía mucho más grande y mucho más fuerte que ella. En el ámbito natural, ella estaría pagando durante años y años. Pero me escuchó hablar de que Dios quiere acelerar las cosas, que Él puede hacer que sucedan más rápidamente de lo que creemos. Ella se atrevió a creer que esa palabra era para ella, y dejó que la semilla echara raíces. Algo le dijo que llamara a la escuela y comprobara si había algún modo en que pudieran ayudarle. Le enviaron una solicitud de ayuda para la deuda. Ella la llenó y la envió. Un par de días después volvieron a llamarla y le dijeron: "Su solicitud ha sido aprobada. Hemos decidido perdonar la totalidad de la deuda de setenta y cinco mil dólares". Dios puede hacer que sucedan cosas que nosotros nunca podríamos hacer que sucedieran. En este momento Él va delante de usted, derrotando enemigos que son mucho

> *Ella se atrevió a creer que esa palabra era para ella, y dejó que la semilla echara raíces.*

más poderosos. Puede que esa deuda parezca que va a estar con usted toda su vida, pero prepárese. Igual que Dios hizo por ella, está limpiando el camino. Esa enfermedad, esa adicción, ese problema legal puede que sea más grande, más fuerte y más poderoso, pero no es rival para nuestro Dios. Él es todopoderoso.

Le estoy pidiendo que avive su fe. No lea todo esto y sea como las personas en la ciudad natal de Jesús, donde Él se maravilló por su incredulidad. Tengamos la fe de ese oficial romano, donde Él se maravilla de nuestra fe. Esos sueños a los que usted ha renunciado, esas promesas que ha soltado, necesita recuperarlos. No están muertos; solo duermen. Igual que con Lázaro, Dios está a punto de despertar lo que usted creía que había terminado. Yo creo y declaro que hay sanidad en camino. La libertad está en camino, el favor de Dios está en camino. ¡La abundancia está en camino!

# CAPÍTULO 15

# Vivir con una mentalidad de favor

Dios le dijo a Abraham: "Te bendeciré con un abundante aumento de favores". Él no se refería a uno o dos favores, pues dijo: "Voy a hacerte favores en abundancia". Usted y yo somos la descendencia de Abraham. ¿Qué ocurriría si realmente creyéramos que el Creador del universo quiere colmarnos de favores?

La mayoría del tiempo pensamos: *Dios tiene cosas mayores de las que ocuparse que yo. Él no está interesado en eso.* No, usted es lo mejor que Dios tiene. Él quiere hacer de usted un ejemplo de su bondad. La palabra *favor* significa "ayudar, dar ventajas, recibir un trato preferencial". El favor de Dios hará que a usted le asciendan, aunque no sea la persona más calificada. El favor de Dios hará que sus hijos tengan los mejores maestros en la escuela. Le ayudará a encontrar los mejores precios en el centro comercial. Le situará en el lugar correcto en el momento adecuado. Dios está diciéndole lo que le dijo a Abraham: "Voy a ayudarte. Voy a darte ventajas. Voy a hacer que recibas un trato preferencial".

"Bueno, Joel, eso nunca me ocurre a mí. Será que yo

no tengo este favor". No, usted lo tiene, pero la razón por la que muchas personas no lo experimentan es que no están liberando su fe en esta área. No esperan que les pasen cosas buenas, ni esperan un trato preferencial. Tienen una mentalidad de conformismo, pues dicen: "Todos reciben ascensos menos yo". "Puse mi casa a la venta. Debería haber sabido que no se iba a vender". "Fui al supermercado y me tocó la fila más larga. No tengo suerte".

Si quiere experimentar este favor, tiene que vivir con una mentalidad de favor. Eso significa que lo está experimentando y que lo está declarando. Cada día antes de salir de su casa debería decir: "Padre, gracias por tener tu favor". Después salga esperando que le sucedan cosas buenas. Espere que se le abran puertas que quizá no se abrirán a los demás. Usted tiene ventaja, tiene algo especial, tiene el favor de Dios. No estoy hablando de ser arrogante y pensar que somos mejores que los demás. Hablo de vivir con osadía, no debido a quiénes somos sino debido a quién le pertenecemos. Usted es un hijo del Dios Altísimo. Su Padre creó todo el universo. Puede esperar un trato preferencial.

> *Espere que se le abran puertas que quizá no se abrirán a los demás.*

## Su Padre es el dueño de todo

Si usted hubiera nacido en la familia Rockefeller, habría tenido algunas ventajas. Si hubiera nacido en la familia de Kennedy o de Bill Gates, sería tratado de otra forma. Esperaría un favor que otras personas quizá no esperarían. La buena noticia hoy es que usted ha nacido en la familia correcta, procede de un linaje de realeza. Su Padre es el dueño de todo, así que tiene que levantar bien la cabeza y comenzar a esperar destacar entre la multitud. Comience a esperar buenos cambios, conexiones divinas, y que se presenten oportunidades. Usted tiene favor por quién es su Padre.

De niño, yo recibía un trato preferencial a causa de mi papá terrenal. Solíamos viajar con mi papá durante el verano cuando él hablaba en grandes conferencias. Una vez, cuando tenía diez años, estábamos en el vestíbulo de un hotel muy grande en Chicago. Mi hermana pequeña, April, y yo estábamos de pie en una cafetería mirando las fotografías de los batidos que vendían en su carta. Una señora mayor se acercó y nos preguntó: "¿No son ustedes los hijos de John Osteen?". Yo dije con una sonrisa: "Sí, señora, así es". Ella siguió: "¿Qué les parece si les compro uno de esos batidos que están mirando?". Yo pensé en ello unas dos milésimas de segundo y contesté: "Nos gustaría mucho". Ella nos compró un batido. No fue por nada que yo hubiera hecho. Ella nos hizo un favor por quién era nuestro papá. ¡El resto de la semana la pasé en esa cafetería!

Mencioné en el capítulo 3 que cuando tenía diecinueve años, me detuvo un policía por conducir demasiado rápido. El oficial fue un poco áspero, como si estuviera teniendo un mal día. Yo era joven y estaba nervioso, y mi corazón latía muy rápido. Se acercó hasta mi ventanilla y le entregué mi licencia de conducción. Él la miró un buen rato. Pasaron un minuto o dos que se me hicieron eternos. Después, finalmente me miró y dijo: "¿Es usted familiar de ese eh...ese eh...?". Lo dijo tres veces. "¿Ese eh...predicador?".

Por la manera de decirlo, no sabía si iba a ser bueno ser familiar de mi papá en ese momento. Sonreí y dije: "Depende". Él dijo: "¿Qué quiere decir con 'depende'?". Yo dije: "Depende de si a usted le cae bien o no". Él alzó su mirada como si estuviera intentando decidirse. Yo pensé: *Esa no es una buena señal si tiene que pensarlo*. Me miró y dijo: "Sí, lo veo mucho en televisión. Creo que me cae bien". Yo dije: "Me alegro, porque es mi papá. Seguro que él no querría que usted me ponga una multa". Lo crea o no, me dejó ir. ¿Qué fue eso? Un trato preferencial por quién era mi padre.

¿Por qué no empieza a caminar como un hijo del Rey? ¿Por qué no empieza a esperar algunas ventajas, algunos cambios buenos, incluso algún trato preferencial? En vez de pensar: *No le caigo bien a nadie en el trabajo. Nunca avanzaré*, empiece a declarar: "Tengo el favor de Dios. La gente quiere estar conmigo, quiere ser buena conmigo. La gente se esfuerza por ser amable conmigo". Eso no es solo ser positivo, sino que libera su fe. Si quiere ver un gran aumento de los favores de Dios, no puede tener una mentalidad limitada, de perdedor y conformista.

> *¿Por qué no empieza a caminar como un hijo del Rey?*

## Coronado de favor

Dice en los Salmos que Dios nos ha coronado con su favor. Quizá no pueda verlo, pero dondequiera que vaya lleva puesta una corona en su cabeza. Esa corona no representa carencia, malas rachas, mediocridad o simplemente supervivencia. Representa el favor de Dios, el hecho de que el Creador del universo sopló su vida en usted. En la realidad invisible, en el mundo espiritual, todas las fortalezas de las tinieblas pueden ver que usted viste una túnica de justicia. Pueden ver su corona de favor sobre su cabeza. Eso les dice que usted ha sido apartado. Pueden ver que hay algo distinto en usted, pero este es el problema: si no se ve a usted mismo de la manera correcta, eso le limitará. Cuando necesite una ventaja o una buena racha, en vez de encogerse y pensar: *Bueno, ¿qué más da? No sucederá nunca,* póngase firme e imagine esa corona de favor sobre su cabeza. Deje que eso sea un recordatorio de que tiene el derecho de vivir en victoria. Usted tiene el derecho de sobresalir entre la multitud. Usted tiene el derecho de tener estas ventajas especiales.

Con mis ojos de la fe puedo ver su corona de favor. Veo realeza, veo abundancia, veo nuevas puertas que se abren, veo que problemas cambian, veo sueños que se cumplen. El enemigo le dice: "Nunca te ascenderán. A tu jefe no le caes bien". "Nunca irás a ese viaje misionero porque no tienes los contactos necesarios". "Nunca te comprarás una casa, porque tu salario siempre es el mismo". Dígale: "Espera un momento, tengo que arreglar algo aquí". Él dirá: "¿Qué estás haciendo?". "Me estoy colocando mi corona de favor. Me estoy asegurando de que la tengo bien puesta". Usted no es una persona promedio, no es ordinaria y común, ya que viene de una familia real. Puede esperar ventajas que otras personas no esperan. Dios le ha coronado con su favor.

Recibí una carta de una mamá soltera. Emigró a Estados Unidos desde Europa hace muchos años. El inglés no era su primer idioma; tenía tres hijos pequeños y no sabía cómo iba a poder permitirse enviarlos a la universidad. Parecía que estaba en desventaja.

Solicitó un trabajo como secretaria en una prestigiosa universidad. Varias decenas de personas más solicitaron también ese mismo puesto. Cuando ella vio toda la competencia, fue tentada a dejarse intimidar. Pensamientos negativos bombardeaban su mente. Para empeorar aún más las cosas, la señora que realizaba la entrevista no fue amable con ella. Fue dura y condescendiente, pero esta mamá no dejó que eso la frustrara. No tuvo una mentalidad de sufridora, pensando: *Esto no tiene sentido. Estoy en desventaja.* Ella sabía que llevaba puesta una corona de favor. Sabía que Dios podía hacer que ella destacara del resto. Todo el tiempo decía para sí misma: "Señor, gracias por tu favor".

Todos los que solicitaban el puesto tuvieron que hacer una prueba escrita en la computadora de cinco minutos. Escribir en la computadora no era su fuerte. Sonó la campana señalando que sus cinco minutos habían terminado, así que dejó de escribir. Pero la señora encargada que se había distraído con una llamada telefónica, le dijo de forma áspera: "¡Siga escribiendo! Esa no es su campana". Pero sí era su campana. Estaba justo delante de ella, pero dijo: "De acuerdo", y siguió escribiendo otros cinco minutos. Contaron el número de palabras que ella había escrito, en diez minutos, y lo dividieron entre cinco; con esa diferencia fue la que más escribió en la computadora y terminó consiguiendo el empleo.

Uno de los beneficios de trabajar en esta universidad era que sus hijos podían ir a la escuela gratuitamente. Eso fue hace más de treinta años. Hoy, sus tres hijos se han graduado de esta prestigiosa universidad, y han recibido más de 700 000 dólares en educación gratuita. ¿Qué fue eso? Un abundante aumento de favor.

Dios sabe cómo darle ventaja. Él sabe cómo ponerle en el lugar correcto en el momento adecuado. En vez de pensar: *Nunca sucederá. A mí siempre me toca la peor parte,* ¿por qué no se coloca bien su corona de favor? ¿Por qué no empieza a declarar: "El favor de Dios me está abriendo las puertas correctas; el favor de Dios me está haciendo destacar; el favor de Dios me está llevando donde no podría ir por mí mismo"? Eso es lo que significa vivir con una mentalidad de favor. Lo está esperando, y lo está declarando.

## Anticipe ventajas especiales

Estaba en el mostrador de un aeropuerto en la década de los noventa. Victoria y yo nos dirigíamos a Nueva Deli (India), donde mi papá estaba en una gran conferencia de pastores. Nos íbamos allí unos días antes. Yo llevaba en la mano una cámara de televisión muy cara que no quería meter en las maletas. En vuelos anteriores la había llevado conmigo, pero la señora del mostrador se oponía a ello. Me dijo: "Señor, no tiene otra opción. Vuelva a ponerla en su maletín y factúrelo como equipaje".

Yo fui muy educado, pero le expliqué que realmente quería llevarla encima para protegerla, y que ya lo había hecho así varias veces, incluso con la misma compañía aérea. Ella no estaba muy dispuesta a ceder. Yo no me enojé. Sabía que tenía un arma secreta. Mientras ella seguía facturando las maletas, en voz baja comencé a decir: "Señor, gracias que tu favor me está dando una ventaja. Gracias que tu favor me hará tener un trato preferencial".

Le pregunté si había alguien más con quien pudiera hablar sobre la posibilidad de hacer una excepción. Ella me dijo: "La única persona que tiene esa autoridad es el capitán del vuelo, pero a él no se le puede molestar ahora. Se está preparando para el vuelo".

En ese momento un caballero que llevaba un uniforme se acercó. Pudo ver que estábamos discutiendo por algo y le preguntó cuál era el problema. Ella dijo: "Este señor quiere llevar la cámara en cabina, pero tendrá que ponerla debajo de su asiento, y eso será raro".

El hombre me preguntó en qué vuelo iba. Yo dije: "Vamos a Nueva Deli". Él dijo: "¡Vaya! Soy el capitán de ese vuelo. Puede ponerla en mi compartimento justo detrás de la cabina del piloto". Los ojos de la mujer se le salieron de sus órbitas. De miles de personas en el aeropuerto, ¿qué probabilidades había de que el capitán se acercara justo cuando yo lo necesitaba? Eso no fue un golpe de suerte, ni coincidencia, sino el favor de Dios dándome una ventaja especial. El favor de Dios pondrá a las personas correctas en el lugar correcto en el momento adecuado.

Quizá tenga que sacar su corona de favor. Quítele el polvo y póngasela de nuevo sobre su cabeza. No está anticipando esas ventajas, y tiene que empezar a anticipar buenas rachas. Comience a anticipar que las personas quieren ayudarle. Dios quiere mostrarle un aumento abundante de sus favores, pero si no está liberando su fe para que eso ocurra, eso limitará lo que Él puede hacer. Usted no puede alcanzar su máximo potencial por sí mismo. Necesita el favor de Dios, necesita que Él le ayude, que le dé ventajas, que le haga tener un trato preferencial. No sea pasivo y piense: *Si Dios quiere bendecirme, lo hará. Si quiere darme una buena racha, Él es Dios y puede darme una buena racha.* Dios se mueve con nuestra fe. Cuando usted lo anticipa y lo declara, es cuando el Creador de universo puede intervenir y hacer cosas asombrosas.

> *Dios quiere mostrarle un aumento abundante de sus favores.*

Se necesita valentía para creer que el Dios Todopoderoso le hará favores. Todas las voces le dirán: "¿De qué estás hablando? Dios no está interesado en ti. No te lo mereces. ¿Quién te crees que eres?". Sencillamente recompóngase y diga: "Soy hijo (o hija) del Dios Altísimo, y estoy coronado con su favor".

Piense en cómo a nosotros como padres nos encanta hacer favores a nuestros hijos. ¿Cuánto más quiere Dios hacerle favores a usted, que es su hijo? Mi pregunta es: ¿lo está anticipando? ¿Lo está declarando?

## El favor nos rodea

El Salmo 5 dice que el favor de Dios nos rodea como un escudo. Si nos rodea, lo hace dondequiera que vayamos. Usted tiene favor en el trabajo, favor en el supermercado, favor en el gimnasio, favor mientras conduce y favor en el centro comercial. Mientras más consciente sea de este favor, más consciente es de que Dios quiere ayudarle, y más consciente será de la obra de su mano.

A lo largo del día, aunque sea en voz baja, deberíamos adoptar este hábito de declarar: "Señor, gracias por tu favor, gracias porque tengo favor con mi jefe y mis clientes. Señor, gracias que mis hijos tienen favor con sus maestros y entrenadores". En el supermercado, diciendo: "Señor, gracias que tu favor me está ayudando a encontrar lo que necesito". Mientras conducimos, diciendo: "Señor, gracias que tu favor me abre camino". Si trabaja en los bienes raíces, siga declarando: "Señor, gracias que tu favor está brillando sobre mis propiedades y haciendo que se vendan". Dios quiere ayudarle en las cosas cotidianas de la vida, no solo en las cosas grandes".

En una ocasión, Victoria y yo íbamos a llevar a nuestros hijos al zoológico. Eran alrededor de las diez de la mañana. Pensábamos que no habría nadie, pero cuando llegamos, el lugar está abarrotado. No nos dimos cuenta de que eran las vacaciones de primavera en la escuela y todos los niños estaban de vacaciones. El estacionamiento estaba lleno de vehículos, había personas por todos lados, así que empezamos a dar vueltas por la zona del estacionamiento, recorriéndolo de punta a punta, una y otra vez, y no podíamos encontrar ningún lugar para estacionar. Cuando estábamos a punto de irnos, hice lo que le estoy pidiendo a usted que haga. En voz baja oré: "Señor, gracias por tu favor. Gracias por ayudarnos a encontrar un lugar para estacionar y así pasar un día divertido con nuestros hijos".

Esta no es una fórmula mágica. Yo simplemente estaba reconociendo a Dios. Las Escrituras dicen que cuando reconocemos a Dios, Él coronará nuestros esfuerzos con éxito. Un par de minutos después, perfectamente a tiempo, vi que un automóvil empezaba a dar marcha atrás. Pudimos estacionar, y mis primeras palabras fueron: "Señor, gracias por tu favor".

Cuando algo bueno suceda, reconozca que es el favor de Dios y después aprenda a darle gracias por ello. En la oficina, de repente tiene una buena idea que llegó de repente. "Señor, gracias por tu favor". En el centro comercial encuentra lo que quiere rebajado. A la hora de comer se encuentra con alguien a quien quería ver. Esto no es suerte, ni coincidencia, sino el favor de Dios. Si lo reconoce y le da gracias a Dios por ello, verá más de su favor.

Estaba en el centro comercial hace unos años con Victoria. Había un par de cosas que ella quería comprar, así que me acerqué al mostrador para pagar. Estaba ocupado en mis cosas, saludé a la señora y sonreí, nada del otro mundo, y ella dijo: "Esta blusa está en oferta este fin de semana. Déjeme darle ese precio hoy". Después de darle las gracias a ella, en voz baja clamé: "Señor, gracias por tu favor".

Ella miró la otra camisa. En el borde de abajo había un lugar donde el tejido no estaba perfectamente bien. Apenas si se podía ver, era algo muy pequeño, pero ella dijo: "Esta camisa no está bien. Déjeme ver qué puedo hacer". Fue a hablar con su gerente, y después regresó, y dijo: "Si le parece bien, se la vamos a poner a mitad de precio". Yo asentí: "Me parece bien". Ella no tenía que hacer eso, yo ni me habría dado cuenta, pero era el favor de Dios haciendo que la gente fuese buena conmigo. Salí de allí diciendo: "Señor, gracias por tu favor. Reconozco tu bondad en mi vida". Cuando usted vive con una mentalidad de favor, Dios hará que le persigan cosas buenas, hará que las personas se esfuercen por hacerle favores.

David entendía este principio. Él expresó: "La bondad y la misericordia me seguirán todos los días de mi vida". Él estaba diciendo: "El favor me sigue dondequiera que vaya". David sabía que tenía una ventaja, sabía que Dios le ayudaría, que podía esperar un trato preferencial. Vivía con una mentalidad de favor.

> *Viva con una mentalidad de favor.*

La verdad es que algo le va a seguir durante toda su vida. Si va por ahí pensando: *Yo no tengo buenas rachas. Nunca me ocurre nada bueno*, entonces derrota, carencia y mediocridad le seguirán. Tiene que cambiar a esta mentalidad de favor y tener esta actitud: *El favor de Dios me está dando ventaja. El favor de Dios me está haciendo destacar. El favor de Dios me está dando la victoria en mi vida.* Cuando vive así, las oportunidades le perseguirán. Favor, abundancia y ascensos le seguirán.

## El favor brilla sobre usted

¿Qué ocurriría si nos levantáramos cada día e hiciéramos esta sencilla oración de Génesis 12:2? "Dios, gracias hoy por un abundante crecimiento de tu favor. Señor, gracias anticipadas por ayudarme, por darme ventajas, por hacer que tenga un trato preferencial". Así es como entrará en la plenitud de su destino.

Hablé con un caballero que estaba en la ciudad para hacer una entrevista de trabajo. Era para un puesto muy importante. Los ejecutivos vuelan desde todos los puntos del país para hacer entrevistas para este trabajo. Él realmente lo quería, pero me dijo que no era la persona más calificada, que no era el que más experiencia tenía, etc., y me dio todas las razones por las que no debería conseguirlo. Le dije lo que le estoy diciendo a usted, que cada día tiene que declarar favor sobre esa situación. "Padre, gracias por tu favor que me hace destacar. Señor, gracias que tu favor está brillando sobre mí, haciendo que ellos quieran contratarme". Lo vi varios meses después, y tenía una sonrisa de oreja a oreja.

Sabía que había conseguido ese empleo, y me dijo: "Joel, fue lo más extraño del mundo. Cuando los ejecutivos me llamaron para darme la enhorabuena, se estaban rascando la cabeza. Dijeron: 'Realmente no sabemos por qué le estamos contratando. Usted no es la persona más calificada ni tiene el mejor currículum, pero tiene algo que nos gusta, hay algo... No sabemos bien qué es, pero le hace destacar'".

Eso es lo que dice en el libro de los Números, que Dios hará brillar su rostro sobre usted y le dará su favor. Cuando vive con una mentalidad de favor, es como si una luz brillante resplandeciera sobre usted. Le hará ir a lugares a los que no podría ir por usted mismo. Quizá otras personas tengan más talento, más experiencia, más educación, pero el favor de Dios le hará destacar. Cada día usted tiene que imaginarse que no solo lleva una corona de favor, sino que la luz de Dios está brillando sobre usted. Usted resplandece con la bondad de Dios, brilla con el favor de Dios. Ahora levántese cada mañana esperándolo y declarándolo, no por quién es usted sino debido a quién le pertenece. Recuerde que ahora ha nacido en la familia correcta, y procede de un linaje real.

> *Cuando vive con una mentalidad de favor, es como si una luz brillante resplandeciera sobre usted.*

Si desarrolla este hábito de vivir con una mentalidad de favor, creo y declaro que Dios le va a ayudar, dándole ventajas y haciendo que tenga un trato preferencial. Tiene que estar preparado, porque va a haber un gran aumento de favor.

# CAPÍTULO 16

# Cargado de favor

En el capítulo anterior destaqué que el salmista dijo que el favor de Dios nos rodea como un escudo, lo cual significa que en cualquier lugar donde vayamos tenemos ventaja, empoderamiento divino, se abren las puertas correctas haciendo que las cosas encajen en su lugar, pero el profeta Isaías dio un paso más adelante, diciendo: "Levántate y resplandece, porque la gloria del Señor está sobre ti". La palabra *gloria* en el lenguaje original implica que el favor de Dios sobre usted es pesado. Hay un énfasis en el peso. Isaías estaba diciendo que no solo recibimos un pequeño favor, justo para sobrevivir, para soportar la vida. No, cuando se trata de favor, no somos un peso ligero. Estamos cargados de favor, aplastados con la bondad de Dios.

Una cosa es saber que tiene favor, y eso es importante, pero cuando se da cuenta de que está lleno de favor, entonces adquiere un nuevo significado. No irá por la vida lleno de intimidación o inseguridad. Usted enderezará sus hombros y alzará su cabeza. Cuando sabe que tiene un favor pesado, sus oraciones son más atrevidas. Comienza a creer en cosas extraordinarias, esperará que se abran puertas, aunque quizá a otros no se les hayan abierto. Usted anticipará poder pagar su casa, romper la adicción, ver a sus hijos prosperar en la tierra. Cuando sabe que está cargado de favor se levantará, y es entonces cuando Dios le hará brillar. Entrará a un nuevo nivel en su destino.

Quizá usted está cargado de preocupación, cargado de desánimo, cargado de problemas, decepciones, enfermedad y carencia. Tiene que prepararse. Las cosas están a punto de cambiar a su favor. En vez de estar lleno de cargas, va estar cargado de oportunidades, cargado de salud divina, cargado de rachas buenas, cargado de gozo.

Recuerdo en la década de los sesenta que cuando algo bueno sucedía, los hippies decían: "Esto es pesado". Eso es lo que usted va a decir. Repentinamente surgirán oportunidades. "Esto es pesado". El diagnóstico médico no era bueno, pero su salud de repente dio un giro. "Esto es pesado". En

> *Usted no ha recibido un favor mediocre, ordinario, justo para sobrevivir. Está cargado de favor.*

su economía recibe una bendición explosiva, un bono, un aumento, una herencia, y usted paga su casa, sale de la deuda y tiene abundancia. "Esto es pesado". Ahora sacúdase las dudas y el desánimo, y tenga una nueva perspectiva. Usted no ha recibido un favor mediocre, ordinario, justo para sobrevivir. Está cargado de favor. Cuando entienda esto, cambiará su apariencia. Tendrá una osadía, una confianza para pedir cosas grandes, para creer a lo grande, para esperar el favor de Dios de una manera nueva.

## Atrévase a hacer lo que hizo Josué

En las Escrituras, Josué y sus hombres estaban inmersos en una batalla. El día estaba declinando, y él sabía que no iba a ser capaz de derrotar al enemigo porque se estaba quedando sin luz del día. Pudo haber pensado: *Mala suerte. Me he quedado sin tiempo.* Pero no, Josué entendió este principio, y sabía que estaba cargado de favor. Alzó la vista y dijo: "Sol, detente". Las Escrituras dicen que el sol se detuvo y no se puso hasta que él terminó su tarea. Cuando usted sabe que está cargado de favor, en vez de pensar: *Oh, vaya, este problema nunca se va a resolver*, hará lo que hizo Josué y dirá: "Dios, quizá yo no veo una salida, pero sé que tú tienes una". "El diagnóstico médico no parece bueno, pero Dios, sé que tú tienes la última palabra. La sanidad está en camino". "Parece que nunca voy a poder salir de la deuda, pero Dios, sé que tú eres el dueño de todo. La abundancia está de camino". O quizá: "Tengo esta adicción desde hace mucho tiempo, pero sé que este es mi momento. La libertad está en camino".

Me pregunto cuánto más avanzaríamos, cuántos sueños veríamos cumplidos, si realmente creyéramos que estamos cargados de favor. ¿Está usted haciendo estas oraciones atrevidas, anticipando que Dios intervenga en su vida? ¿Se atrevería, como hizo Josué, a pedirle a Dios que hiciera algo fuera de lo común para dar cumplimiento a sus sueños, aunque le parezca que están demasiado lejos, aunque no sean prácticos? Puede que esto no sea para una persona promedio, pero la buena noticia es que usted no es una persona promedio; usted está cargado de favor. Este es su momento para levantarse y brillar. Dios está a punto de hacer que usted destaque, está a punto de llevarlo a un lugar donde nunca antes ha estado. Ahora, durante todo el día póngase de acuerdo con Dios y diga: "Señor, gracias porque estoy cargado de favor. Tú estás brillando sobre mí, mostrándome algo que nunca había visto".

Hace unos años atrás un amigo mío vendió su casa. Él y su familia necesitaban otro lugar para vivir. Habían visto una casa tras otra y no podían encontrar la que querían. Una noche estaban dando un paseo por su vecindario cuando vio una casa que siempre le había gustado. Le gustaba la forma, la distribución, el lugar, todo con respecto a esa casa. Los dueños habían vivido allí por más de treinta años, pero algo dentro de mi amigo le dijo: "Ve y pregúntales si quieren venderla". Él pensó: *No puedo hacer eso, sería raro, un extraño llamando a su puerta.* Él es un hombre muy callado, muy reservado, pero no podía deshacerse de ese sentimiento. Finalmente se decidió, fue y llamó a la puerta, y le preguntó al hombre si estaba interesado en vender la casa.

El hombre dijo: "No, tenemos la intención de vivir aquí muchos años más".

Mi amigo le entregó su tarjeta de contacto y dijo: "Bueno, si alguna vez cambia de idea, por favor llámeme".

Cinco días después, el hombre llamó y dijo: "Hemos cambiado de idea. Nos gustaría venderle la casa".

Ahora mi amigo vive en la casa bonita que siempre había querido. ¿Qué es eso? El peso de favor. Llamar a la puerta de alguien y enterarse de que están dispuestos a mudarse es algo que solo Dios puede hacer que ocurra. No venga a llamar a la puerta de mi casa. Pero cuando sabe que tiene un peso de favor, tendrá esta valentía, esta confianza, de pedir cosas grandes, de creer cosas grandes. Es entonces cuando Dios interviene en su vida, pero la mayoría de las veces pensamos: *Oh, esto no me va a ocurrir a mí. Nunca se me presentan buenas oportunidades. Nunca viviré en una casa bonita. Nunca romperé esta adicción, nunca volveré a tener buena salud.* Líbrese de esa mentalidad de derrota, y tenga esta nueva perspectiva: Usted está cargado de favor. Este es su momento de subir más arriba, de rebosar, de ver el cumplimiento de sus sueños. Ahora sea valiente, atrévase a dar algunos pasos de fe, atrévase a creer. Dios ya le ha dado todo lo que necesita. Tendrá pensamientos que intentarán convencerlo de lo contrario, que le dirán por qué no va a ocurrirle. Tiene que responder de la manera correcta. "Señor, quiero

> *Usted está cargado de favor. Este es su momento de subir más arriba, de rebosar, de ver el cumplimiento de sus sueños.*

darte gracias por estar brillando sobre mí. Este es mi tiempo apartado. Los sueños se están cumpliendo. Estos problemas están cambiando. Señor, creo que estoy cargado de favor". Cuando usted vive con esta expectativa, verá que Dios hace cosas fuera de lo común.

## Tiene porque pide

En el 2003, habíamos planeado nuestras reuniones de lanzamiento para la renovación de nuestro edificio, el antiguo Compaq Center. Íbamos a tener un fin de semana en el que todos podrían verlo, después tardaríamos un año y medio en terminar la construcción. Teníamos este gran fin de semana preparado cuando recibimos la noticia de que el departamento de carreteras iba a cerrar la autopista durante unas horas antes de nuestra reunión. Muy pocas personas podrían llegar, pero no podíamos cambiar nuestros planes. Ya lo habíamos anunciado, ya habíamos rentado todo el equipo, así que podíamos haber pensado: *Hemos escogido el fin de semana erróneo para el lanzamiento*. Pero las Escrituras dicen: "No tienen porque no piden". ¿Cuántas cosas no estamos viendo a Dios hacer, no porque Él no quiera sino porque no se lo estamos pidiendo? Llamamos al departamento de carreteras y preguntamos si podían cambiar sus planes debido a nuestras reuniones. Estuvieron a punto de reírse, y dijeron: "Lo sentimos, pero no podemos hacer eso. Esta obra lleva años planificada". Pero cuando usted sabe que está cargado de favor, no se rinde solamente porque le rechacen una vez. Usted insiste y lo vuelve a pedir.

Contactamos con la persona más importante del departamento de carreteras. Nos llamó unos días después y dijo: "No hemos hecho esto nunca, pero vamos a hacer una excepción para ustedes y vamos a esperar a cerrar la autopista hasta que termine su reunión". Si quiere ver la plenitud de su destino, tiene que tener esta osadía de pedir a lo grande, de creer a lo grande, de esperar que le ocurran cosas que quizá nunca le han ocurrido a nadie. No de manera arrogante sino en humildad, atrévase a creer. Hay algo en usted que hace que las personas quieran ser buenas con usted. Hay algo que hace que consiga oportunidades que no merece, algo que hace que los problemas que parecen permanentes de repente cambien. ¿Qué es eso? Es un peso de favor.

Conozco a una pareja cuya hija tenía tres años cuando algo le cayó encima de sus dedos y le cortó la punta de los mismos. La llevaron corriendo a la sala de urgencias, y el cirujano finalmente le dijo al padre: "Lo siento, pero no hay nada que pueda hacer para restaurar los dos dedos de su hija. Nunca tendrá uñas en esos dedos. Además, siempre serán un poquito más cortos, porque le falta un trocito de hueso". El cirujano dijo que lo único que podía hacer era un injerto de piel e intentar darle un buen aspecto.

Este padre fue muy respetuoso, pero sabía que tenía un peso de favor, así que dijo: "Doctor, creo que Dios puede restaurar los dedos de mi pequeña y hacer que vuelvan a ser normales".

El doctor no entendía mucho acerca de la fe, así que miro al hombre y dijo: "Bueno está bien, señor. Usted puede creer lo que quiera, yo tan solo le estoy diciendo que le falta el hueso, y que esos dedos nunca tendrán la longitud que deberían tener".

Cuando entró la esposa del hombre, el médico habló con ella aparte y le dijo: "Su esposo está en shock. No acepta el hecho de que a su hija le falte la punta de dos de sus dedos".

La pequeña recibió su injerto de piel, y seis semanas después la llevaron de nuevo para someterla a una revisión. Cuando el doctor le quitó los vendajes, sus primeras palabras fueron: "¡Dios mío!".

El padre se alarmó, y preguntó: "¿Qué pasa?".

El doctor dijo: "Mire, las uñas de los dedos han crecido, y parece que los dos dedos tienen la misma longitud que los demás".

Eso fue hace años, y esos dos dedos siguen siendo perfectamente normales. Cuando usted cree que está cargado de favor, verá ocurrir cosas que parecen imposibles. Quizá está en una situación ahora mismo en la que tiene todas las probabilidades en su contra. Los expertos dicen que no va a suceder, que usted no se pondrá bien, que no le darán el crédito para su casa, que no verá el cumplimiento de sus sueños, pero lo que ellos no están teniendo en cuenta es el favor que hay en su vida. Si fuera un favor mediocre, puede que estuviera atascado, que no sucediera, pero la diferencia es que usted no tiene un favor mediocre sino un peso de favor. Dios está a punto de intervenir en su vida, está a punto de darle la vuelta a algunas cosas. Usted alzará su vista y dirá lo que dijo esta pareja: "Eso fue un peso de favor. Eso fue la bondad de Dios". Atrévase a creer a lo grande, atrévase a orar a lo grande. Dios quiere hacer algo que usted no ha visto nunca, algo fuera de lo común.

## Más de lo que pueda pedir o pensar

El doctor Todd Price es amigo mío. Asiste a Lakewood, y tiene una exitosa consulta de enfermedades infecciosas en Houston. También hace trabajo médico misionero por todo el mundo. Hace varios años atrás, cuando estaba comenzando con sus viajes médicos, tuvo el sueño de llevar zapatos a los niños necesitados de África. Dijo que como los niños no podían llevar zapatos, el ochenta por ciento de ellos tenían parásitos, y estaba afectando su salud. Pero el doctor Price es tan solo una persona, con una consulta médica muy ocupada; por lo tanto, ¿cómo podría marcar una diferencia? Como él entiende que está cargado de favor, tuvo la osadía de pedir a las grandes farmacéuticas y proveedores que le ayudaran. Su meta era llevar zapatos a todos los niños de una aldea particular en la cual trabajaba en ese momento, como unos tres mil niños.

Una fábrica de zapatos aquí en los Estados Unidos se enteró de lo que estaba haciendo, lo llamaron y preguntaron: "¿Cuántos pares de zapatos necesita?".

Él dijo: "Tres mil pares".

Ellos dijeron: "Tenemos algo más de tres mil. ¿Qué le parece si le damos cien mil pares de zapatos de niños?".

Eso es el peso de favor, esa es la manera de Dios. Cuando usted sueña a lo grande, cree a lo grande, espera a lo grande, Dios supera lo que usted está soñando, y algunos de ustedes están orando por cosas muy pequeñas. Lo que usted espera poder lograr ni siquiera se acerca a lo que Dios tiene en mente. Tiene que estar preparado, ya que Dios va a sobrepasarlo. Verá este peso de favor. Las Escrituras dicen: "Ustedes no han visto, oído ni imaginado las cosas maravillosas que Dios tiene preparadas para los que le aman". Ese es usted.

> *Cuando usted sueña a lo grande, cree a lo grande, espera a lo grande, Dios supera lo que usted está soñando.*

He visto suceder esto en mi propia vida una vez tras otra. Lo que yo pensaba que sería muy grande, lo que yo esperaba conseguir, fue nada comparado con lo que Dios tenía en mente. Cuando tenía veintitantos años, cuando entré en la joyería y conocí a Victoria por primera vez, ella fue una de esas cosas que no había visto, oído ni imaginado. Dios superó lo que yo estaba soñando. Necesité el peso de favor para conseguirla, déjeme decirle. Se necesita peso de favor para mantenerla.

Hace quince años, cuando escribí mi primer libro, *Su mejor vida ahora*, pensé: *¿No sería increíble que consiguiera entrar en la lista de éxito de ventas del* New York Times? Me habría emocionado tan solo si hubiera estado una semana. Ese libro estuvo en la lista durante más de cien semanas seguidas. Dios superó lo que yo estaba soñando.

Cuando nos trasladamos al que había sido el Compaq Center, firmamos un contrato de renta de sesenta años con la ciudad de Houston. Siempre supimos que queríamos comprarlo, pero la renta era la mejor opción en ese momento. Esta construcción vale varios cientos de millones de dólares. En el año 2010, la ciudad nos llamó y nos preguntó si estaríamos interesados en comprarlo. Le dijimos que sí, pero por supuesto, todo dependía del precio. Ellos lo estudiaron, y tras sus evaluaciones nos llamaron de nuevo y dijeron: "Se lo venderemos no por cien millones, ni por cincuenta millones ni por treinta y cinco millones. Se lo venderemos por siete millones y medio de dólares". Eso es el peso de favor. Eso es más de lo que podríamos pedir o pensar.

El apóstol Pablo dijo que en los siglos venideros veríamos la supereminente grandeza del favor de Dios. Estamos viviendo en los días de los que Pablo hablaba, en los que veremos un favor mucho mayor. Si usted eleva sus esperanzas, comienza a anticiparlo, ora con osadía y cree lo extraordinario, cuando se levante Dios hará que usted brille. Él intervendrá y superará lo que usted estaba soñando.

Una pareja que asistía a Lakewood tiene una hija con un defecto en el corazón. Tuvo que someterse a varias cirugías. Hoy, la joven está perfectamente sana, pero esas cirugías no las cubrió totalmente el seguro. Su factura del hospital ascendía a más de cuatrocientos mil dólares. La mamá es maestra en una escuela, y el papá es oficial de policía. En lo natural, parecía que tendrían que pagar esa deuda durante mucho, mucho tiempo; pero no se desanimaron, no empezaron a quejarse, pues sabían que estaban cargados de favor. Se atrevieron a hacer estas oraciones osadas, diciendo: "Dios, no vemos la manera de poder salir de la deuda, pero sabemos que tú eres el dueño de todo. Un toque de tu favor puede dar la vuelta a todo".

Un día, de repente, el hospital llamó y dijo: "Nunca antes hemos hecho esto, pero hemos decidido no solo perdonar su deuda, sino que vamos a reembolsarles los dos años de pagos que ustedes han realizado". Ellos esperaban quedarse sin deuda, pero Dios superó lo que estaban soñando. Dios también lo hará con usted.

## Siempre más poderoso

En 2 Reyes 6, un ejército enemigo estaba intentando derrotar a los israelitas, pero cada vez que hacían un movimiento, los israelitas ya sabían dónde iban. El rey enemigo estaba muy frustrado porque pensaba que uno de sus hombres era un espía. Reunió a todos y les preguntó: "¿Quién es el traidor? ¿Quién está filtrando esta información interna?".

Un capitán habló: "Rey, no es ninguno de nosotros. Hay un profeta en Israel llamado Eliseo. Lo que usted nos susurra en secreto, él lo anuncia públicamente a los israelitas".

El rey se enfureció y dijo: "Vamos por Eliseo". Así que una noche envió un gran ejército con muchos caballos y carros para rodear la casa de Eliseo. Observemos lo que ocurre cuando estamos cargados de favor. Este rey intentaba capturar a un hombre. Uno pensaría que enviaría a una docena de personas para atrapar a Eliseo, pero envió miles de soldados, caballos y carros, todo para capturar a un hombre que estaba cargado de favor.

El ayudante de Eliseo se levantó temprano en la mañana y vio todas las fuerzas enemigas que rodeaban la casa. Cuando se lo contó a Eliseo muerto de miedo, Eliseo dijo: "No te preocupes. Quizá ellos sean más, pero yo conozco un secreto. Estoy cargado de favor, y, por lo tanto, aunque ellos tengan más armas, más equipamiento, más talento, yo tengo algo más poderoso que todo eso, tengo el favor de Dios".

Eliseo sabía cómo hacer estas oraciones atrevidas. Había visto a Dios abrir los ojos a un ciego, así que ahora hizo una oración pidiendo lo contrario: "Dios, que se queden ciegos para que no me reconozcan".

Cegados, los líderes enemigos llegaron y llamaron a la puerta, diciendo: "Estamos buscando a Eliseo".

Él respondió: "¿Eliseo? Ustedes están en la ciudad equivocada. Tienen que ir a Samaria".

Agradecidos, dijeron: "Gracias, señor, por su ayuda".

Él añadió: "Permítanme ayudarles aún más. Yo los llevaré hasta el hombre que ustedes buscan".

Eliseo terminó dirigiendo al ejército enemigo justo hasta las manos de los israelitas. Una vez rodeados y capturados, Eliseo volvió a orar y sus ojos se abrieron de nuevo. Se dieron cuenta de que todo el tiempo había sido Eliseo. Cuando usted sabe que está cargado de favor, verá a Dios hacer cosas asombrosas. Él le protegerá de sus enemigos, le guiará, incluso le hará invisible ante sus enemigos. Por lo tanto, no se atreva a ir por la vida débil, temeroso e intimidado,

> *Cuando usted sabe que está cargado de favor, verá a Dios hacer cosas asombrosas.*

porque usted es muy poderoso; está lleno de la unción, tiene un peso de favor. Cuando el enemigo le mire, al igual que con Eliseo pensará: *Tengo que enviar a todo un ejército para detenerlo.* Puede que su enemigo lo intente con todas sus fuerzas, pero eso nunca será suficiente. Cuando usted está cargado de favor, es invencible.

## Nada demasiado difícil

Cuando mi papá era un joven ministro en la década de los cincuenta, viajaba de ciudad en ciudad hablando en pequeñas iglesias y convenciones. Llevaba su propio equipo de sonido en el maletero de su auto. Una noche llegó a un auditorio con un par de horas de antelación para prepararlo todo. Se esperaba que asistieran unos cientos de personas esa noche, lo cual era algo grande para mi papá. Quería que todo saliera perfecto, pero en medio de la emoción accidentalmente dejó sus llaves en el maletero de su auto, con lo cual no podía sacar el equipo de sonido. Junto a otras personas comenzaron a intentar sacarlo de todas las formas posibles, usando todo lo que tenían a la mano para intentar abrirlo, pero no tenían éxito. Parecía que su gran noche se había arruinado.

Justo cuando estaba a punto de rendirse, se dio cuenta

de que no había orado. Algo que puedo decirle acerca de mi papá es que sabía hacer oraciones osadas. No se avergonzaba de orar por nada. Cuando yo era un niño, oraba por la máquina de cortar el césped, por el lavavajillas, por cualquier cosa que no funcionara.

Mi papá les dijo a todas las personas que estaban allí de pie que iba a orar y a pedirle a Dios que le ayudara a abrir el maletero. Le miraron extrañados, pues eso les parecía estar fuera de su alcance, y pensaban: *No se puede pedir a Dios que abra un maletero*. Pero mi papá lo hizo, diciendo: "Dios, sé que no hay nada demasiado difícil para ti. Señor, necesito este equipo de sonido para la reunión de esta noche, así que te pido que, de alguna forma, de alguna manera, me ayudes a abrirlo".

Mientras él estaba orando, las demás personas se reían, se burlaban, se mofaban en voz baja. Cuando terminó de orar, se acercó al maletero y comenzó a sacudirlo y a darle golpecitos un poco más fuertes que antes, pero seguía sin abrirse. Finalmente, se dio la vuelta y se alejó. Cuando estaba a unos diez metros del auto, todos oyeron un *clic*. Miraron hacia atrás y, a cámara lenta, el maletero comenzó a abrirse de manera lenta, como si estuviera diciendo: "¡Aleluya!". Los demás casi se desmayan. Mi papá tuvo una de las mejores reuniones de su vida esa noche, pues consiguió llamar su atención.

Quizá usted no necesita que se abra un maletero, pero tal vez los doctores le han dicho que su diagnóstico no se ve bien. ¿Por qué no se levanta y dice: "Dios, creo que estoy cargado de favor y que tú puedes hacer lo que la medicina no puede"? O quizá su hijo está descarrilado, usted está luchando con sus finanzas, o su sueño parece imposible. ¿Alguna vez le ha pedido a Dios que le dé la vuelta a todo? ¿Alguna vez ha dicho: "Dios, sé que nada es demasiado difícil para ti; tú tienes la última palabra; tú puedes llevarme donde se supone que debo estar"? Cuando usted tiene este peso de favor, tendrá la osadía para creer en la plenitud de su destino.

## Creer es la clave

Lucas 1 habla sobre una adolescente común llamada María. No procedía de una familia influyente. Sus padres no eran ricos ni famosos, sino pobres. En lo natural no había nada especial en María, nada que le hiciera destacar, pero un día un ángel se le apareció y le dijo: "Hola, María, mujer muy favorecida".

Estoy seguro de que al principio miró a su alrededor y pensó: *Se habrá equivocado de chica. Yo no soy muy favorecida. Soy una chica normal.*

Es fácil decirnos lo contrario de lo que Dios nos dice, pero si un ángel se le apareciera hoy, diría lo mismo. "Hola, Santiago, hombre muy favorecido". "Hola, Marta, mujer muy favorecida". "Hola, Lakewood, pueblo muy favorecido". El ángel después le dijo a María que iba a tener un bebé sin conocer varón. A veces Dios pondrá cosas en su corazón que le parecerán muy improbables. Por eso el ángel comenzó la conversación recordándole que ella estaba cargada de favor. Cuando se vea ante situaciones imposibles, tiene que recordarse que, al igual que María, usted también está cargado del favor de Dios.

Después, la prima mayor de María, Elizabet, le dijo: "Bendita eres porque creíste que el Señor hará lo que dijo". Observemos que creer es la clave. En otras palabras, aunque el ángel dijo que estaba cargada de favor, si ella no lo hubiera creído, no habría visto este favor.

> *Creer es la clave.*

Dios le está diciendo hoy: "Este es su momento oportuno. Los sueños se van a cumplir. Los problemas están desapareciendo. Está a punto de subir a un nuevo nivel". O bien puede dejar que las circunstancias le impidan creer o puede hacer como hizo María y decir: "Dios, estoy de acuerdo. Creo que estoy cargado de favor". Cuando se levante, Dios hará que usted brille.

Lo que estoy diciendo es que usted no es un peso ligero. Usted no recibió favor normal, común. Usted está cargado de favor, así que atrévase a creer en grande, a hacer esas oraciones atrevidas y a esperar que Dios haga lo extraordinario. Si hace esto, creo y declaro que no ha visto, oído ni imaginado lo que viene de camino. Dios está a punto de intervenir en su vida. Prepárese para cambios, para ascensos, para sanidad, para un nuevo nivel de su destino.

# RECONOCIMIENTOS

En este libro ofrezco muchas historias que amigos, miembros de nuestra congregación y personas que he conocido por todo el mundo han compartido conmigo. Aprecio y reconozco sus aportaciones y su apoyo. A algunas de las personas mencionadas en el libro no las conozco personalmente, y en algunos casos hemos cambiado los nombres para proteger la privacidad de los individuos. Honro a todos aquellos que merecen honra. Como hijo de un líder de iglesia y yo mismo siendo pastor, he escuchado innumerables sermones y presentaciones, así que en algunos casos no puedo recordar la fuente exacta de una historia.

Estoy en deuda con el maravilloso equipo de la Iglesia Lakewood, los maravillosos miembros de Lakewood que comparten conmigo sus historias, y todos aquellos alrededor del mundo que con generosidad apoyan nuestro ministerio y hacen que sea posible llevar esperanza a un mundo en necesidad. Estoy agradecido con todos los que siguen nuestras reuniones por televisión, Internet, SiriusXM y mediante los podcasts. Todos ustedes son parte de nuestra familia Lakewood.

Doy las gracias también especialmente a todos los pastores del país que son miembros de nuestra Champions Network (Red de Campeones).

Una vez más, estoy agradecido por este maravilloso equipo de profesionales que me ayudó a escribir este libro para usted. A la cabeza de ellos está mi publicadora FaithWords/Hachette, Rolf Zettersten, junto con los miembros del equipo Patsy Jones, Billy Clark y Karin Mathis. Agradezco verdaderamente las aportaciones editoriales del lexicógrafo Lance Wubbels.

Estoy agradecido también con mis agentes literarios Jan Miller Rich y Shannon Marven de Dupree Miller & Associates.

Y, por último, pero no menos importante, gracias a mi esposa Victoria y a nuestros hijos, Jonathan y Alexandra, que son mis fuentes de inspiración diaria, así como a nuestros familiares más cercanos que trabajan como líderes cotidianos de nuestro ministerio, incluyendo a mi madre, Dodie, mi hermano Paul y su esposa Jennifer, mi hermana Lisa y su esposo Kevin, y mi cuñado Don y su esposa Jackelyn.

# ¡Queremos escuchar de usted!

Cada semana, termino nuestra retransmisión televisiva internacional dándole a la audiencia la oportunidad de hacer a Jesús el Señor de sus vidas. Me gustaría darle a usted esa misma oportunidad.

¿Está usted en paz con Dios? En el corazón de cada persona existe un vacío que solo Dios puede llenar. No estoy hablando de unirse a una iglesia o encontrar una religión, sino de encontrar vida, paz y felicidad. ¿Haría usted esta oración conmigo hoy? Tan solo diga: "Señor Jesús, me arrepiento de mis pecados. Te pido que vengas a mi corazón. Te hago mi Señor y Salvador".

Amigo o amiga, si ha hecho esta sencilla oración, creo que hoy ha "nacido de nuevo". Le animo a que asista a una iglesia basada en la Biblia y que ponga a Dios en el primer lugar de su vida. Para información gratuita sobre cómo puede fortalecerse en su vida espiritual, por favor tenga la libertad de contactarnos.

Victoria y yo le amamos, y oraremos por usted. Creemos que lo mejor de Dios es para usted, que verá cómo se cumplen sus sueños. ¡Nos encantaría saber de usted!

Para contactarnos, escriba a:

Joel y Victoria Osteen
P.O. Box 4600
Houston, TX 77210

O puede contactar con nosotros en línea en www.joelosteen .com